L'AVEUGLE DU TIROL,

MÉLODRAME

EN TROIS ACTES, EN PROSE ET A GRAND SPECTACLE,

Par M. FRÉDÉRIC;

Musique de M. Lanusse, Ballets de M. Adam, et mise en scène de M. Ribié;

Représenté, pour la première fois, à Paris, sur le Théâtre de la Gaîté, le 16 Mars 1807.

NOUVELLE ÉDITION,

CONFORME A LA REPRÉSENTATION.

PARIS,

BARBA, Libraire, Palais - Royal, derriere le Théâtre Français, n°. 51.

De l'Imprimerie de Hocquet et Cᵉ, rue du Faubourg Montmartre, n°. 4.

1812.

PERSONNAGES.	ACTEURS.
ERNEST, Comte d'Holsberg, aveugle mendiant.	M. *Marty.*
ALBERTINE, épouse d'Ernest, sous le nom de Clotilde.	Mad. *d'Herbouville.*
ARMAND, fils d'Ernest et d'Albertine, âgé de 10 ans.	La petite *Elisa.*
Le Baron DE RETZ, père d'Albertine.	M. *St.-Jules.*
ASTOLPHE, gouverneur d'Inspruck.	M. *Adrien.*
FIDEMAN, fermier tirolien, ancien militaire.	M. *Pascal.*
ETIENNE, fils de Fideman, paysan niais.	M. *Duménis.*
CHARLOTTE, fille de Fideman.	Mlle. *Pauline Ribié.*
BRUZMANN, } agens {	M. *Ferdinand.*
SOLER, } d'Astolphe. {	M. *Camel.*
Un Paysan, parlant.	M. *Beuzeville.*

Villageois et Villageoises; Soldats d'Astolphe; Troupes allemande; Marchands; Bateleurs, etc.

La scène est à Inspruck. — *Costumes du 17.e siècle.*

L'AVEUGLE DU TIROL,

MELODRAME.

ACTE PREMIER.

Le Théâtre représente une vallée ou place au milieu du hameau de Wolsen. Tout paraît disposé pour une fête de village, et offre le spectacle d'une foire. Des tréteaux, des tentes, des marionnettes, des cabarets et des théâtres ambulans, épars çà et là, contrastant avec les montagnes du Tirol, dont les sommets, toujours couverts de neige, se perdent dans les nuages, forment, avec le pays charmant où la scène est située, le coup-d'œil le plus agréable.

SCENE PREMIERE.

ETIENNE, CHARLOTTE.

ETIENNE.

Et c'est joliment joli ! je dis, c'est gentiment arrangé ! Voilà la distribution des places. Tiens, Charlotte, ici ce grand monsieur avec son chapeau à plumes, qui dit de si belles choses que personne ne comprend, pour à seule fin de nous vendre son beaume qui est bon pour tant de maladies ; là, ces hommes qui sautent si drolement en disant : « premier saut en avant, premier saut en arrière. » Et un tas d'autres sauts dont je ne sais pas le nom ; de ce côté-ci, sera le vigneron Herman qui nous vend de si bon petit vin sûret ; de ce côté là, Polichinelle, et puis Paillasse et puis Arlequin ; par là, les ménétriers pour nous faire danser. Le violon qu'est le marchand de son du hameau, la flûte, qu'est boucher, et le tambourin qui est le tonnellier. J'espère que j'allons nous en donner.

CHARLOTTE.

Oui, vous allez bien vous divertir, vous ferez danser tous le monde excepté moi, comme vous avez fait à pareille époque il y a un an, le jour de la fête du village.

ETIENNE.

Oh ! petite sœur, t'es bête, je ne peux pas danser avec toi, parce que le frère et la sœur, ça ne va pas.

CHARLOTTE.

C'est ça, monsieur, vous aimez mieux faire danser les autres ; l'année passée, c'était toutes les jeunes filles du village, cette année ce sera mademoiselle Clotilde. C'est bien, et puis moi, je serai obligée de...

ETIENNE.

Tu vois bien que tu te trompes : mademoiselle Clotilde, qu'est toujours si triste, si pensive, qui n'ouvre jamais la bouche que pour se plaindre, qui ne se sert de ses yeux que pour pleurer, une fille comme ça ne peut pas danser.

CHARLOTTE.

Et c'est là ce qui vous désole !

ETIENNE.

Sûrement, çà me désole de ne pas connaître la cause de ses chagrins, parce que, moi, je suis bon, je suis bon enfant: elle est jeune, je le suis aussi, elle est jolie, et sans vanité, je ne suis pas mal, j'aurais fais tout mon possible pour la consoler, et si elle avait voulu m'écouter, nous aurions fait le plus joli petit ménage !....

CHARLOTTE.

Oh ! je le crois !

ETIENNE.

Pas du tout, je suis si bête, que je n'ose jamais lui déclarer ma flamme.

CHARLOTTE.

Tu as raison, car elle ne t'écouterait pas.

ETIENNE.

Et pourquoi çà, s'il vous plait ?

CHARLOTTE.

Pourquoi ? parce que tu ne lui conviens pas, parce qu'elle n'est pas faite pour toi ; parce que, quoique mademoiselle Clotilde soit fille de ferme, chez notre père, il n'en est pas moins vrai que c'est une dame.

ETIENNE.

Bah !

CHARLOTTE.

Il y a du mystère.

ETIENNE.

Si c'est vrai ?...

CHARLOTTE.

Tu ne te doute de rien, toi ; mais moi qui suis naturellement curieuse, j'ai entendu...

ETIENNE.

Tu as entendu ?...

CHARLOTTE.

Clotilde qui disait qu'elle avait un mari.

ETIENNE.

Un mari ! moi qui voulais l'épouser !

CHARLOTTE.

Oui, un mari qui la rendait bien malheureuse.

ETIENNE.

Ah ! est-il possible ?

CHARLOTTE.

Que c'était ce mari qui la faisait pleurer.

ETIENNE.

Là ! quel meurtre ! vlà pourtant comme çà va dans le monde ! c'est toujours à une bonne femme que tombera un méchant mari ; de même qu'un bon homme a toujours une femme qui ne vaut pas le diable. C'est y guignonnant, mademoiselle Clotilde qu'est si douce, si bonne, si.... Chût, la vlà, la vlà ; regarde qu'elle a l'air triste!

CHARLOTTE.

Ne dis rien au moins.

ÉTIENNE.

Sois tranquille.

SCÈNE II.

Les mêmes, ALBERTINE, *sous les vêtemens d'une paysane, et sous le nom de Clotilde.*

ALBERTINE.

Ah ! c'est vous, Charlotte ! votre père est-il de retour de la chasse ?

CHARLOTTE.

Non, Clotilde, pas encore.

ALBERTINE.

Un jour comme celui-ci ! Et ne doit-il pas être présent à la fête ?

ÉTIENNE.

Il se gardera bien d'y manquer ; mais rien au monde ne saurait empêcher mon père d'aller chasser le chamois ; c'est sa passion.

ALBERTINE.

Ah ! je conçois combien il lui est difficile d'y résister !

CHARLOTTE, *bas à Étienne.*

As-tu vu ? elle a soupiré.

ÉTIENNE.

Oui, oui, oui.

ALBERTINE.

Et vous, Étienne, vous n'avez pas été à la chasse, ce matin ?

ÉTIENNE.

Non, en vérité, mademoiselle Clotilde ; dans une heure, on dansera ici, et je ne veux pas me fatiguer d'avance.

ALBERTINE.

C'est très-prudent !

CHARLOTTE.

Est-ce que vous ne danserez pas, mademoiselle Clotilde ?

ALBERTINE.

Oh ! non.

ÉTIENNE.

Vous avez donc ben du chagrin ?

ALBERTINE.

Du chagrin ! mais, non.

ÉTIENNE, *bas à charlotte.*

Entends-tu comme elle ment ?

ALBERTINE.

La fête sera brillante, cette année !

ÉTIENNE.

C'est ben sûr ! Il y aura des marchands de plus de . . . deux lieues à la ronde. Je vous assure que pour ne pas s'amuser à cette fête là, il faut avoir renoncé à tous les plaisirs du monde ou avoir toujours présent à sa pensée, le souvenir d'un méchant mari qui..

ALBERTINE, *vivement.*

Que dites-vous ?

CHARLOTTE, *bas à Etienne.*

Tais-toi donc, bavard.

ETIENNE, *de même.*

Elle a rougi.

ALBERTINE, *à part.*

Soupçonnerait-il la cause de mes malheurs ? (*Haut.*) Il est passé ce matin beaucoup de militaires par ici ?

CHARLOTTE.

Oui, mademoiselle, des soldats qui vont à Inspruck, on ne sait pourquoi.

ETIENNE.

Le comte Astolphe, gouverneur de cette province est parti hier, à ce qu'on dit, pour aller au devant d'un grand seigneur qui vient habiter Inspruck.

ALBERTINE, *à part.*

Le comte Astophe ! le monstre !

CHARLOTTE.

La voilà encore qui parle toute seule.

(*Musique, bruit de chasse.*)

ETIENNE,

Ah ! vla papa qui revient.

CHARLOTTE,

Allons au-devant de lui. (*Ils sortent tous deux en courant.*)

ALBERTINE.

Le comte Astophe est sorti d'Inspruck !.. ômon dieu ! fais que cet ennemi de mon repos ne porte point ses pas du côté de ma paisible retraite, fais que la malheureuse Albertine échappe encore à ses projets criminels.

SCENE III.

ALBERTINE, FIDEMAN, *un fusil de chasse à la main ;* ETIENNE, CHARLOTTE, Valets de Fideman, *portant le gibier.*

FIDEMAN.

Bonjour, mes enfans, bonjour, bonjour Clotilde.

(*Clotilde le salue.*)

ETIENNE.

Avez-vous fait bonne chasse, mon père ?

FIDEMAN.

Très-bonne. Je n'ai de ma vie autant vu de chamois que ce matin.

CHARLOTTE.

Ah ! que de gibier !

FIDEMAN.

J'ai trouvé encore quelque chose de plus agréable pour mon cœur. En sortant de la forêt voisine, j'ai rencontré un malheureux aveugle conduit par un enfant de neuf ou dix ans. Cet enfant vient à moi et d'une voix dont les tendres accens auraient ému l'ame la plus insensible, il me prie de soulager la misère qui accable son père infortuné. Tout dans cet enfant était fait pour intéresser ; non seulement je lui donnai la faible aumône qu'il réclamait de ma bienfaisance, mais encore je lui offris chez moi un azile pour lui et son père.

CHARLOTTE.

Ah ! mon père ! que vous avez bien fait !

ETIENNE.

Comme cet homme là est à plaindre.

FIDEMAN.

Sans doute ; et cependant mes enfans, admirez la bonté de la céleste providence. Cet infortuné n'existe que par la pitié des autres hommes....

ETIENNE.

Il doit être bien mal nourri !

FIDEMAN.

Il ne laissera pour héritage à son fils que la misère et le souvenir de ses malheurs ; eh bien il en est chéri, adoré : c'est son fils qui guide ses pas, c'est son fils qui lui fait oublier ses maux, tandis que bien des hommes, après avoir follement dissipé leur fortune pour satisfaire aux moindres caprices de l'enfant qu'ils idolâtrent, s'apperçoivent trop tard qu'ils n'ont fait que semer dans son cœur l'ingratitude et l'insensibilité. Cet aveugle, au contraire, trouve dans les caresses de son fils l'oubli de toutes ses afflictions. Oui, mes amis, quelque malheureux que soit un homme, il ne l'est jamais entièrement lorsqu'il trouve dans ses enfans des consolateurs et des appuis.

ETIENNE.

Et un bon père en trouve toujours.

CHARLOTTE

Je ne puis croire qu'il y ait des enfans ingrats.

FIDEMAN.

Il en existe, mais quand je suis près de vous, je ne m'en apperçois pas. Allez, mes enfans, allez porter tout cela à la maison, je ne tarderai point à vous joindre.

Etienne et Charlotte baisent la main de leur père, lui prennent son fusil, sa gibecière, sa poire à poudre et sortent avec les valets. Pendant ce tems, Albertine s'est assise sur un banc, et est plongé dans une douce rêverie, Fideman s'approche d'elle et lui prend la main, Albertine se lève précipitament.

SCENE IV.

FIDEMAN, ALBERTINE.

FIDEMAN.

Qu'avez-vous, madame ? vous paraissez plongée dans une affreuse mélancolie ; seriez-vous menacée de quelque nouveau malheur ?

ALBERTINE.

Je le crains. De noirs pressentimens me tourmentent et m'allarment ; le souvenir de mes infortunes est aujourd'hui plus présent à ma pensée. Jusques dans mon sommeil, des images affreuses me poursuivent. Je vois encore le barbare Astolphe, désespéré de n'avoir pu m'engager à trahir mes devoirs, m'accuser auprès de mon époux. Je crois voir cette nuit terrible, source de tous mes maux, où un homme gagné, sans doute, par l'infâme Astolphe, s'introduisit dant l'appartement que j'habitais, y fût surpris par mon époux, et paya de sa vie sa coupable témérité. Mon cher Ernest égaré par sa jalousie, excité par Astolphe, et ne voyant plus en moi qu'une femme infidelle, me plongea dans le sein, le fer qui devait terminer ma vie, et qui ne me laissa l'existence que pour languir dans la misère et le désespoir.

FIDEMAN.

Plus je songe à cet événement terrible et moins je puis le comprendre. Comment votre époux a-t-il pu croire ?...

ALBERTINE.

Toutes les apparences étaient contre moi, le misérable qui tomba sous les coups d'Ernest, expira sans pouvoir prononcer un seul mot, les autres agens d'Astolphe sont inconnus, et tout espoir de justification m'est enlevé.

FIDEMAN.

Espérez. Le baron de Retz, votre père, croit que vous avez cessé d'exister : il poursuit votre époux, il l'a forcé de quitter ce pays, a fait confisquer tous ses biens, et le comte Ernest a passé en France....

ALBERTINE.

Depuis huit années que nous n'avons entendu parler de lui, je ne sais s'il respire encore.

FIDEMAN.

Ne vous laissez point abattre par la douleur, madame ; sans doute, vous reverrez un jour tous les objets qui vous sont chers, le ciel ne peut permettre que les gens vertueux soient toujours victimes des méchans.

ALBERTINE.

Et mon fils, mon cher Armand !

FIDEMAN.

Il est avec son père, il doit être bien gentil, à présent, car tout petit, c'était le plus joli enfant, tout le monde disait qu'il ressemblait infiniment à monsieur le comte.

ALBERTINE.

Beaucoup !

FIDEMAN.

Je n'en sais rien, j'ai si peu vu monsieur votre époux, que c'est tout au plus si je pourrais le reconnaître.

ALBERTINE.

Quelle espérance puis-je conserver encore ? Le vieux Karrl : cet ancien domestique de mon père, qui après m'avoir secrètement éloignée de cette maison funeste, me confia à vos soins, et m'instruisit de ces détails : Karrl, qui seul put, peut-être m'aider à prouver mon innocence, il m'a été enlevé.

FIDEMAN.

Il était si vieux !... mais moi j'ai bonne opinion que cette affaire
là finira bien : soyons prudens, que personne ne puisse soupçonner
que la fille du baron de Retz et l'épouse du comte d'Holsberg est ici
cachée sous le nom de Clotilde ; le seigneur Astolphe votre ennemi,
est gouverneur de cette province, et s'il apprenait que vous existez
aussi près de lui, il lui serait facile de vous nuire encore ; allons, madame, un peu de courage, celui qui est là-haut voit tout, et sa justice
pour être lente, n'en est pas moins terrible.

SCENE V.

Les mêmes, BRUZMANN, SOLER, *sous le costume de deux
marchands forains.*

FIDEMAN, *à part.*

Que veulent ces deux hommes ?

BRUZMANN.

Nous ne nous trompons pas, c'est bien ici que se célèbre la fête
du hameau de Wolsen ?

FIDEMAN.

Oui, messieurs, c'est ici.

SOLER.

Dieu soit loué, j'ai cru que nous n'arriverions jamais.

BRUZMANN.

Ah ! les maudits chemins !

FIDEMAN.

Ces messieurs sont marchands ?

SOLER.

Pour vous servir.

FIDEMAN.

Et ils viennent ici débiter leur marchandise ?

BRUZMANN.

Précisément.

FIDEMAN, *à part, regardant Bruzmann.*

J'ai dans l'idée d'avoir vu cette figure-là quelque part.

BRUZMANN, *bas à Soler en désignant Albertine.*

C'est Albertine !

FIDEMAN, *bas à Albertine.*

Allons nous-en. (*aux deux autres personnages.*) Adieu, messieurs,
je vous souhaite beaucoup de bonheur.

BRUZMANN.

Grand merci.

Fideman prend Albertine par la main, et sort avec elle, en jetant des regards
soupçonneux sur Bruzman et Soler. Ces derniers ne cessent d'examiner attentivement Albertine.

l'Aveugle du Tirol.   2

SCÈNE VI.

BRUZMANN, SOLER.

BRUZMANN.

Hé bien, monsieur Soler, me suis-je trompé? vous ai-je fait venir ici sans sujet?

SOLER.

Je ne crois pas.

BRUZMANN.

Soutiendrez-vous encore qu'il est impossible que j'aie trouvé à Wolsen, sous les habits d'une simple villageoise, la comtesse Albertine, l'objet de toutes nos recherches.

SOLER.

Non, je l'avoue.

BRUZMANN.

Ne venez-vous pas de la reconnaître vous-même?

SOLER.

Cela est vrai.

BRUZMANN.

Pauvre sot! pour te punir de ton incrédulité, je devrais ne point partager avec toi la récompense promise par le seigneur Astolphe.

SOLER.

Tu aurais tort; j'ai trop de moyens de prendre ma revanche.

BRUZMANN.

Ah! et quels sont donc ces moyens?

SOLER.

Il est inutile que je prenne la peine de te les expliquer; car l'adroit, le rusé, le subtil Bruzmann les a sans doute devinés.

BRUZMANN.

Non, en vérité.

SOLER.

Comment? tu ne connais pas l'homme avec lequel tu m'as rencontré il n'y a qu'un instant?

BRUZMANN.

Qui? cet aveugle?

SOLER.

Oui, cet aveugle; hé bien, le connais-tu?

BRUZMANN.

Je ne l'ai jamais vu.

SOLER.

Voilà donc ta pénétration en défaut. Ecoute : cet aveugle et l'enfant qui le conduit, ne sont autres que le comte Ernest d'Holsberg et son fils.

BRUZMANN.

Serait-il possible?

SOLER.

Il importe beaucoup au seigneur Astolphe que le comte tombe en son pouvoir. J'en étais instruit, et je n'ai rien négligé pour découvrir le lieu de sa retraite. Le comte Ernest s'était réfugié en France; je l'y suivis, et ne quittai le lieu qu'il habitait, qu'après avoir laissé près de lui un autre moi-même qui devait me rendre compte de toutes ses démarches : par ce moyen, j'appris son départ, la route qu'il prit, son arrivée dans ces environs, et avant la fin du jour, je pourrai le livrer au gouverneur d'Inspruck.

BRUZEMANN.

Tu as fait tout cela ?

SOLER.

Pauvre sot ! pour te punir de ta ridicule vanité, je devrais bien...

BRUSMANN.

Touche-là ; nous sommes les deux plus adroits coquins de toute l'Allemagne !

SOLER.

Nos affaires sont en bon chemin ; maintenant il faut finir ce que nous avons si heureusement commencé ; il faut nous saisir du comte, de son épouse et de son fils, et les conduire au château d'Inspruck.

BRUZMANN.

C'est facile.

SOLER.

Comment ?

BRUZMANN.

A la faveur du tumulte de la fête, quelques honnêtes gens comme nous sauront, en distribuant adroitement des rubans et d'autres babioles, attirer la foule loin des lieux où notre projet devra s'exécuter. Albertine, toujours occupée de son malheur, cherche la solitude ; nous saisirons l'instant favorable, et...

SOLOR.

A merveille ; mais l'aveugle ?

BRUZEMANN.

Ne soupçonnant rien, il viendra lui-même se livrer à nous.

SOLER.

Vivat, notre fortune est faite.

BRUZMANN.

C'est l'aveugle, éloignons-nous et prévenons nos camarad.
Viens.

Ils sortent, en faisant à Ernest et son fils, des gestes menaçans. Ernest entre en scène; il est couvert de haillons, il porte en sautoir une besace et une gourde, d'une main, il tient un long bâton, avec lequel il se laisse conduire par Armand, qui lui fait éviter avec soin tout ce qui pourrait gêner sa marche, ou lui faire courir quelque danger.

SCENE VII.

ERNEST, ARMAND.

ERNEST,

Où sommes-nous, mon fils ?

ARMAND.

Ah! papa, dans un endroit bien joli, bien joli, au milieu d'un village, dans une belle place où tout est préparé comme pour une fête.

ERNEST.

Je me sens bien fatigué.

ARMAND.

Veux-tu t'asseoir?

ERNEST.

Volontiers, nous irons ensuite chez cet honnête homme qui nous a offert un asile, te rappelles-tu son nom?

ARMAND.

Ah! oui, mon papa, il nous a dit de demander le fermier Fideman, et que sa maison était au bout du village. Tiens, assied-toi, donne-moi ton bâton.

ERNEST.

Le voilà.

ARMAND.

Tu ne devrais plus le garder, ton bâton, il ne te sert à rien. Autrefois que j'étais petit, il t'aidait à marcher quand tu étais fatigué; mais à présent je suis grand, je suis fort; tu peux t'appuyer sur moi, je te porterai bien, va.

ERNEST.

Aimable enfant!

ARMAND.

Ne m'as-tu pas répété très-souvent qu'un enfant devait toujours bien aimer son papa, le soigner quand il était malade, le soulager quand il était fatigué, le consoler quand il avait du chagrin?

ERNEST.

Oui, mon cher Armand, c'est là le devoir d'un bon fils.

ARMAND.

Tu appelles çà un devoir, mon papa; je me trompais bien, car j'avais toujours cru que c'était un plaisir.

ERNEST.

O doux effet de la piété filiale! tes caresses me font oublier combien je suis malheureux; j'oublie même à quel point je suis coupable,

ARMAND.

Coupable! qu'est-ce que c'est que ce mot-là?

ERNEST.

Ah! puisse-tu l'ignorer toujours!

ARMAND.

Dis-moi donc, mon papa, voilà déjà bien long-tems que nous marchons depuis l'instant où le soleil se lève jusqu'au moment où il se couche, et nous ne sommes pas encore arrivés?

ERNEST.

Non, pas encore.

ARMAND.

Avons-nous beaucoup de chemin à faire?

ERNEST.

Moins que nous n'en avons déjà fait.

ARMAND

Ah! tant mieux; et quand nous serons arrivés, verrons-nous arriver maman?

ERNEST, *avec douleur.*

Ta mère! oui, oui, nous la retrouverons un jour.

ARMAND.

Dans quel endroit?

ERNEST.

Dans un lieu... où rien ne pourra plus nous séparer.

ARMAND.

Que je suis donc content! il y a si long-tems que j'ai envie de voir ma petite maman! Elle t'aime, maman, n'est-ce pas? elle m'aidera à avoir bien soin de toi, et puis moi je ne sais pas faire la cuisine, çà fait que tu n'as jamais rien de bon à manger, au lieu que maman te fera ton dîner comme ces dames dans les auberges. Tu seras bien aise de la retrouver, n'est-il pas vrai?

ERNEST, *avec émotion.*

Cruel souvenir! ô Albertine! infidèle Albertine!

ARMAND.

Et puis ce n'est pas tout; tu me dis toujours que quand je te caresses, tu oublies que tu es malheureux; hé bien, maman et moi, nous te caresserons si souvent, que tu n'auras pas un instant pour t'affliger. Ainsi tu ne pleureras plus, tu seras toujours gai, content et nous serons tous bien heureux.

ERNEST, *toujours plus ému.*

Cher enfant! cher enfant!... O Albertine! combien tu fus coupable!...

ARMAND.

Tu pleures?... est-ce que je t'ai fait de la peine

ERNEST.

Non, mon ami, ce n'est pas toi qui fait couler mes larmes!

ARMAND.

C'est l'absence de maman qui te chagrine! hé bien, prions le bon Dieu de te la rendre bientôt.

ERNEST.

Tu as raison, offrons nos vœux à l'Eternel; c'est de sa bonté seule que nous pouvons attendre le bonheur.

(Ernest, aidé par Armand, se met à genoux, et implore l'assistance céleste, Armand l'imite et élève ses petites mains vers les cieux. A cet instant, Albertine paraît dans le fond du théâtre, s'arrête en les examinant.)

SCENE VIII.

ERNEST ET ARMAND, *à genoux*, ALBERTINE, *au fond du théâtre.*

ALBERTINE, *à part.*

Que vois-je?

ERNEST, *à genoux.*

O mon dieu toi que j'ai offensé en me livrant aux transports insensés de la plus horrible vengeance, pardonne à un malheureux que les remords accablent, et toi, Albertine, victime infortunée de ma jalouse fureur, que ton image sanglante cesse enfin de me poursuivre et de me reprocher mes crimes.

ALBERTINE, *à part.*

Grand Dieu ! l'ai-je bien entendu ?

ARMAND, *à genoux.*

O toi ! qu'on m'a appris à connaître et à prier comme le meilleur des êtres, fais que mon papa ne pleure plus, et que maman vienne m'aider à le rendre heureux.

ALBERTINE, *à part.*

Je me meurs.

(Albertine tombe sans connaissance, Armand se lève précipitamment, Ernest reste à genoux.)

ARMAND.

O mon papa ! mon papa ! une pauvre femme qui est là, elle se trouve mal.

ERNEST, *se levant.*

Il faut la secourir.

ARMAND.

Seul, je ne peux pas !

ERNEST.

Conduis moi près d'elle.

ARMAND.

Ah ! viens, viens, papa.

(Armand court près de son père, lui prend la main et le conduit à l'endroit où Albertine est évanouie, Ernest, un genou en terre, pose doucement la tête d'Albertine sur son autre genou, et cherche à la rappeler à la vie, tandis que son fils prend la gourde qu'il porte en sautoir et fait boire Albertine, qui revient à elle.)

ARMAND.

Elle ouvre les yeux, elle n'est pas morte.

ALBERTINE, *voyant qu'elle est entre les bras de son époux.*

Dieu tout puissant ! et c'est lui qui me rappelle à la vie !

ERNEST.

Calmez-vous, madame, et quelque défavorable que puisse être le sentiment que vous inspirent les haillons qui me couvrent, croyez-moi, l'homme que le sort a privé des dons de la fortune, n'en conserve pas moins le droit et le désir d'être utile à ses semblables.

ALBERTINE.

Je ne sais comment reconnaître...

ERNEST.

Quel son de voix !

ARMAND, *à Albertine.*

Comment vous trouvez vous ?

ALBERTINE.

Beaucoup mieux.

ERNEST, *à part.*

Par tout je crois la retrouver. (*haut.*) Quelle pouvait être la cause?...

ALBERTINE, *soupirant.*

Hélas!

ERNEST.

Vous soupirez? je vous comprends, le chagrin...

ALBERTINE.

Combien je suis émue!

ERNEST.

Ah! pardon, mille fois pardon; je n'avais pas l'intention de vous rappeler des souvenirs affligeans; je sais trop combien il en coûte de ne pouvoir les bannir entièrement de sa pensée.

ARMAND.

Mon papa a bien du chagrin aussi, et quelquefois, quand il ne croit pas que je l'écoute, il dit que maman en est cause; je ne peux pas le croire, car mon papa est si bon, que si je savais que maman lui eût fait de la peine, je ne sais pas si je pourrais l'aimer.

ALBERTINE.

Aveu cruel!

ERNEST.

Vous auriez tort, Armand; quelques fautes que vos parens ayent commises, vous devez les respecter, les chérir, et songer que tous les jours vous avez besoin de leur indulgence.

ARMAND.

Pardonne, mon papa. (*à Albertine.*) Est-ce aussi votre mari qui vous fait de la peine? -

ERNEST.

Taisez vous, Armand, vos questions sont indiscrètes, et vous, madame, si dans l'état affreux où je suis, il m'est possible de vous être utile, croyez que je me trouverai bien heureux de vous prouver tout l'intérêt que vous m'inspirez.

SCÈNE IX.

Les Mêmes, ETIENNE, CHARLOTTE.

ETIENNE, *accourant.*

Mademoiselle Clotilde, mademoiselle Clotilde.

CHARLOTTE, *dans la coulisse.*

Clotilde.

ETIENNE.

Mademoiselle Clot... Ah! vous vlà! Charlotte, Charlotte, la vlà, viens, la vlà retrouvée.

CHARLOTTE.

Ah! mon dieu! Clotilde comme vous vous faites chercher!

ALBERTINE.

Mes amis, je suis bien fâchée de vous avoir donné tant de peine.

ETIENNE.

C'est fait pour ça au moins, vous êtes cause que nous ne serons pas de la grande marche.

ALBERTINE.

Comment ?

CHARLOTTE.

Certainement; au lieu de venir à la fête les uns [après les autres, comme on a toujours fait, on y vient tous ensemble, en grande cérémonie; tout le monde est rassemblé dans la vallée des tilleuls, et le cortège va se rendre ici, avec tous les jeunes garçons et les jeunes filles, les musiciens...

CHARLOTTE.

Ce sera charmant ;... ah ! mon dieu ! je ne voyais pas...

ETIENNE.

Charlotte, c'est sans doute ce pauvre aveugle que mon père a invité à venir à la ferme.

ERNEST.

Etes-vous les enfans du fermier Fideman?...

CHARLOTTE.

Oui, monsieur, je suis Charlotte Fideman pour vous servir.

ETIENNE.

Et moi, Etienne Fideman, fils unique de mon père.

CHARLOTTE.

Qu'est-ce qu'il dit donc, fils unique ?

ETIENNE.

Sûrement, fils unique! t'es pas un fils, toi. Ah! dieu, qu'elle est sotte !

ERNEST.

Vous lui parlez bien durement.

ETIENNE.

Ah ! c'est ma sœur.

ALBERTINE, *à Ernest.*

C'est vous que Monsieur Fideman a engagé à venir à la ferme?

ERNEST.

Moi-même.

ARMAND.

Oui, c'est nous. Il a l'air d'un bien brave homme, ce monsieur Fideman !

ETIENNE.

Ah! ce petit, qu'il est drôle ! Il est haut comme rien : quoi, c'est tout au plus s'il me va au genou.

Bruit de tambour. Marche éloignée.

CHARLOTTE.

Voilà mon père, et puis tout le monde.

ETIENNE, *à Ernest.*

Vous allez rester à la fête ! vous vous amuserez bien, allez ; vous verrez que de jolies choses !..

ERNEST.

Dispensez-moi...

ETIENNE.

Ah ! que je suis bête, je lui dis qu'il verra... C'est égal, vous n'y voyez pas ; mais je me mettrai auprès de vous, et quand il y aura quelque chose à voir, je regarderai pour vous. Ah ! j'espère que c'est bien arrangé.

SCENE X.

Les Mêmes, FIDEMAN, Villageois et Villageoises, Danseurs, Danseuses, Musiciens, Marchands de toute espèce.

Fideman conduit la marche, tout le monde le suit et se place au milieu du théâtre.

FIDEMAN.

Alte-là ! front !

ETIENNE.

Il est drôle, mon père ; il les commande comme dans le tems qu'il était caporal à la guerre.

FIDEMAN.

C'est qu'on se rappelle toujours de ce qu'on a fait avec honneur. Ah, çà, sommes-nous tous ici ?

TOUS.

Oui, oui, tous.

FIDEMAN.

A nos places. (*à Ernest.*) Ah ! c'est vous, brave homme, restez avec nous.

Les marchands se placent ; les marionnettes sont en mouvement ; les ménestriers montent sur un gradin élevé sur l'un des côtés du théâtre ; et tout le monde se dispose à prendre part à la fête.

SCENE XI.

Les mêmes, SOLER, BRUZMANN, *avec de petits cartons garnis de marchandises.*

BRUZMANN.

Prenez des rubans, prenez des lacets ; nous donnons tout, nous ne vendons rien.

SOLER.

Parez-vous, embellissez-vous ; prenez, prenez, choisissez.

BRUZMANN.

Des rubans, des lacets.

ETIENNE.

Tout le monde s'attroupe autour des deux marchands ; Albertine seule reste près de son époux.

Ah ! comme les voilà tous occupés.

CHARLOTTE.

Regarde donc, mon frère, le joli ruban !

ETIENNE.

Ah dieu ! quel enfantillage ! pour des rubans ils oublient tout.

l'Aveugle du Tirol. 3

FIDEMAN, *bas à Albertine.*

Méfions-nous de ces deux marchands ; je les ai vu au service du comte Astolphe.

ALBERTINE.

Grand dieu ! s'ils apprenaient. . .

ETIENNE.

Qu'est-ce qui veut danser avec moi ?. . . personne. Viens, ma sœur, je te donne la préférence.

CHARLOTTE.

Malhonnête !

(On se place , les danses commencent.)

SCÈNE XII.

Les Mêmes, UN PAYSAN.

LE PAYSAN.

Mes amis, mes amis, le gouverneur d'Inspruck s'avance ; il paraît que Son Excellence veut assister à la fête. .

FIDEMAN, *à Albertine.*

Le comte Astolphe !

ERNEST.

Où me cacher ?. .

ALBERTINE.

Je ne puis demeurer sans m'exposer à être reconnue. Je vais me réfugier à la ferme. Surtout, Fideman, je vous en conjure, veillez sur cet aveugle et son enfant ; vous ne sauriez croire à quel point ils m'intéressent.

FIDEMAN.

Cela suffit ; soyez tranquille sur leur sort.

ALBERTINE, *à part.*

O mon dieu ! fais que mon malheureux époux échappe aux regards d'Astolphe. (*Elle sort.*)

BRUZMANN, *à Soler.*

Elle fuit, suis-là, saisis le moment, et. . .

SOLER.

Je réponds d'elle.

ETIENNE.

Vlà not' contredanse dérangée, où en sommes-nous ?

FIDEMAN.

Allons, mes amis placez-vous en ordre.

Tous les villageois se placent sur deux files, Ernest veut sortir , Fideman l'arrête.

FIDEMAN.

Albertine m'a prévenu ; restez, je veille sur vous.

ERNEST, *surpris.*

Albertine !

Fideman le replace et va se mettre à la tête des villageois.

SCENE XIII.

Les Précédens, ASTOLPHE, LE BARON DE RETZ, suite d'ASTOLPHE.

ASTOLPHE.

Que ma présence n'interrompe point vos jeux, mes amis. Loin de vouloir troubler vos plaisirs, je viens les partager. (*Au Baron.*) Monsieur le baron, vous pourrez juger par cette fête villageoise de l'esprit qui règne parmi les habitans de ces contrées, et vous ne douterez pas alors que les Tiroliens ne soyent les plus fidèles sujets de Sa Majesté l'Empereur.

LE BARON.

Si telle est la vérité, seigneur, ma mission sera bien agréable, et je me félicite de pouvoir rendre à Sa Majesté un compte aussi favorable de votre gouvernement.

FIDEMAN.

Allons mes enfans, puisque Son Excellence le permet, continuez. (*A Ernest.*) Ne craignez rien, je ne vous quitte pas.

Astolphe et le baron se placent sur des sièges qui leur sont préparés.

(*Ballet, fête villageoise, foire de village.*)

SCENE XIV.

Les Précédens, *un Officier entre et remet une lettre à Astolphe.*

ASTOLPHE.

Mon retour est nécessaire à Inspruck ; je me vois obligé de vous quitter plutôt que je ne l'aurais voulu ; mais je ne dois point abandonner ces lieux sans vous marquer ma reconnaissance pour l'attachement que vous me témoignez. Fideman (*Donnant une bourse.*) que cette somme distribuée également entre les habitans de Wolsen, soit consacrée à augmenter les plaisirs de cette belle journée.

TOUS.

Vive le comte Astolphe !

ASTOLPHE.

Monsieur le baron, veuillez me permettre de vous conduire au château.

Astolphe sort avec le baron ; en passant devant Ernest, il s'arrête un instant et le considère attentivement, enfin il sort ; ses gardes le suivent, les villageois sortent avec lui.

SCENE XV.

ERNEST, ARMAND, *au fond du théâtre, les regardant s'éloigner.*

ARMAND.

Ah ! mon dieu ! que c'est joli !

ERNEST.

Tout cici me confond! n'ai-je pas entendu le fermier me nom-
mer Albertine?

ARMAND,

Ils sont déjà loin !

ERNEST.

Allons à la ferme et tâchons d'interroger cette femme intéres-
sante qui ce matin. . .

ARMAND.

Une fête ne devrait jamais finir.

SCÈNE XVI.

Les Mêmes, BRUZMANN, SOLER.

BRUZMANN.

Ils sont seuls, l'occasion est favorable. (*Il parle bas à Soler.*)

ERNEST.

Armand, Armand, où es-tu?

ARMAND, *restant toujours au fond.*

Me voilà, papa.

ERNEST.

Viens, conduis-moi à la ferme de Fideman.

ARMAND.

Tout de suite, tout de suite.

A peine Armand a-t-il répondu à son père, que Soler le saisit et lui met la
main sur la bouche pour l'empêcher de crier, Bruzmann se baissant beaucoup prend le bout du bâton qu'Ernest tendait à son fils, et le conduit hors
du théâtre.

SCÈNE XVII.

Les mêmes, ALBERTINE.

ALBERTINE, *en désordre,*

O ciel! arrêtez, arrêtez.

BRUZMANN, *saisissant Ernest.*

Emparez vous de cette femme.

ALBERTINE.

Au secours, au secours.

SCÈNE XVIII.

Les Mêmes, FIDEMAN, les Villageois,

FIDEMAN.

Ah! coquins! attendez; je vais vous parler, moi.

Ils lâchent leur proie et prennent la fuite, Soler seul est arrêté par Fideman qui
le tient terrassé. Plusieurs villageois poursuivent les fuyards les autres sont
groupés diversement.

Tableau général.

Fin du premier Acte.

ACTE II.

Le théâtre représente la cour d'une ferme. Au fond, un petit mur avec une petite grille donnant sur la campagne. A gauche des spectateurs, au troisième plan, est un rocher creux, fermé par une pierre roulant sur pivot. Sur le rocher est un petit pavillon dépendant de la ferme. On y monte par un escalier en bois, adossé au rocher : au fond est un colombier, au bas duquel est un tas de paille. Sur le devant du théâtre, est un berceau en treillage, sous lequel est une table de pierre. Au dessus du mur, on apperçoit dans l'éloignement les hautes montagnes du Tirol.

SCENE PREMIERE.

FIDEMAN, les Villageois et Villageoises, un PAYSAN parlant.

FIDEMAN.

C'est cela. J'espère que ces messieurs n'auront pas envie d'y revenir. Morgué ! je les avons joliment étrillés. . . Ah ! comme j'y allais, moi !. . . J'en ai encore la main qui me fait mal.

UN PAYSAN.

Je le crois bien. Celui que nous avons amené ici, et qui est dans le petit caveau, doit en savoir quelque chose.

FIDEMAN.

Vous l'avez bien enfermé, n'est-il pa vrai ?

LE PAYSAN.

Oh ! je vous en réponds.

FIDEMAN.

C'est bien. Maintenant, mes amis, approchez et écoutez-moi : puisque les coquins nous attaquent, il faut savoir nous défendre contre leurs violences. Je reprends mon ancien métier, je redeviens militaire, et je me nomme votre commandant. J'établis ici mon quartier-général. Vous vous tiendrez prêts à tout événement, à la moindre incursion, vous vous joindrez à moi, et je vous réponds de la victoire. Allez, braves soldats, et aussitôt que cela sera nécessaire, ne manquez pas de venir me trouver en armes.

TOUS.

Oui, monsieur Fideman.

FIDEMAN.

En avant ! Marche ! Sortez par là ; vous n'aurez pas à faire ce grand détour pour gagner le village.

Les Villageois sortent par la petite grille, Fideman la referme avec soin.

SCENE II.

FIDEMAN, seul.

Voyons maintenant, monsieur le général Fideman, qu'allez-vous faire ? Récapitulez un peu vos moyens, vos dispositions, et les dangers que vous devez craindre. Primo, le prisonnier de guerre est en sûreté dans le petit caveau, il faut l'interroger, connaître les desseins et les forces de ses complices. Secondo, pour qu'on ignore que j'ai donné azile à ce malheureux aveugle, j'ai chargé Étienne de le conduire ici par des chemins détournés et de l'introduire par cette grille qui est très-éloignée des habitations, il faut le cacher soigneusement à tous les yeux. Troisièmement, il faut fermer exactement les portes et rester sur nos gardes, toute la nuit; si nos ennemis viennent en grand nombre, j'expédie un courier extraordinaire et aussitôt toute l'armée sera en mouvement: c'est cela; les mesures sont bien prises, et nous avons un très-grand avantage sur notre ennemi; il viendra nous attaquer avec cet embarras, cette crainte qu'éprouve toujours l'homme qui va commettre une mauvaise action, et nous avons la pureté de notre conscience qui seule doit nous rendre invincibles.

SCENE III.

FIDEMAN, ALBERTINE.

ALBERTINE.

Ah! Fideman, je vous cherchais; cet aveugle? ..

FIDEMAN.

Sera ici dans un moment; en attendant son arrivée, je m'occuppais des moyens de vous défendre contre vos ennemis.

ALBERTINE.

Bon Fideman!

FIDEMAN.

Et cela n'est-il pas tout simple? Lorsqu'à la mort de ma femme tous les malheurs m'accablèrent à la fois, ma ferme fut dévastée, je fus trainé en prison, et mes pauvres enfans sans protecteurs restèrent plongés dans la misère la plus affreuse. Hé bien? qui vint alors à mon secours? qui me rendit la liberté? qui rendit un père à mes enfans, et le bonheur à toute ma famille? ce fut vous, madame la Comtesse; aujourd'hui les tems sont changés, je puis reconnaître ce que vous avez fait pour moi, et je manquerais à ce devoir sacré! ... non, madame, non, un vieux militaire ne peut méconnaître ainsi la voix de l'honneur et de la reconnaissance.

ALBERTINE.

Mon cher Fideman! ma conduite ce matin a dû vous paraître bien étrange? la chaleur avec laquelle je vous ai recommandé cet aveugle et son fils a dû vous étonner? mais vous cesserez d'être surpris de l'intérêt qu'ils m'ont inspiré, quand vous saurez que ce mendiant, ce malheureux aveugle n'est autre que le comte d Holsberg.

FIDEMAN.

Votre époux! ..

ALBERTINE.

Lui-même. Cet enfant qui l'accompagne, et qui ce matin sut

trouver le chemin de votre cœur, c'est mon fils, c'est mon Armand.

FIDEMAN.

Ah! mon dieu! qu'est-ce que vous me dites-là?

ALBERTINE.

Jugez maintenant de ce que je devais souffrir en laissant Ernest et mon fils exposés aux regards d'Astolphe. Un secret pressentiment semblait m'avertir du danger qui menaçait deux têtes si chères. Hélas! sans la présence de ce barbare, j'aurais pu me jeter aux pieds du baron de Retz, de mon père, et implorer la grace de mon époux.

FIDEMAN.

Je reste tout ébahi, moi. Le comte Ernest qui avait toujours dans sa parure plus d'or qu'il n'en fallait pour acheter tout ce que je possède, il est à présent... Ah! mon dieu, ce que c'est que de nous. Mais comment a-t-il perdu la vue?

ALBERTINE.

J'ignore encore la cause de ce funeste accident. Sans doute le chagrin. O cruel Astolphe! que de maux tu nous a causés.

FIDEMAN.

Votre époux ignore à qui il s'est adressé?

ALBERTINE.

Le son de ma voix a paru lui faire la plus forte impression, mais il est loin de croire que j'existe. Au moment où je l'aperçus, il était à genoux, les mains élevées vers le ciel; il demandait à l'Eternel le pardon de ce qu'il appelle son crime, et paraissait me regretter vivement.

FIDEMAN.

Et sans doute votre intention est de vous faire connaître?

ALBERTINE.

Non; je suis morte au monde, tant que mon innocence ne sera point prouvée. J'ai un projet que je vous communiquerai, et qui vous paraîtra bien téméraire; mais il faut qu'il s'exécute. Maintenant parlons de mon époux. Astolphe a sûrement appris son retour; comment le dérober à sa vengeance?

FIDEMAN.

J'en ai les moyens.

ALBERTINE.

Quels sont-ils?

FIDEMAN.

Je vais vous l'expliquer.

(Il s'approche du rocher, une pierre roule sur pivot, et laisse voir une petite grotte brillante, où des veines de sel brut annoncent qu'elle était jadis une mine.)

ALBERTINE.

Que vois-je?

FIDEMAN.

Jadis une saline considérable subsistait en ce lieu. Il y a dix ans, une roche s'étant malheureusement détachée de la montagne voisine, elle ébranla la voûte et combla presqu'entièrement la mine ; cette partie ne fut point comprise dans la destruction totale. Je vins habiter ce village, jugeant que cette caverne pourrait servir à conserver ma fortune dans le cas où la guerre éclaterait dans cette contrée ; je fis bâtir ce pavillon et je fis cacher ce souterrain par cette pierre qui roule sur pivot. Un escalier communique de la caverne au pavillon. C'est là que votre époux doit habiter ; si on venait le chercher jusque dans ma maison, il se réfugierait dans cette caverne, et il serait impossible qu'on l'y trouvât.

ALBERTINE.

O bonheur !

FIDEMAN.

Dans ce lieu il aura tout ce qui lui sera nécessaire, et vous voyez qu'il n'aurait rien à craindre. Aussitôt après l'arrivée de monsieur le Comte, j'irai, suivi de plusieurs de mes garçons, faire une exacte revue tout autour de la maison, et m'assurer si nous n'avons point à redouter de surprise ; du courage, bientôt vous n'aurez plus de larmes à verser.

SCENE IV.

Les Mêmes, LE PAYSAN parlant.

LE PAYSAN, *hors de la grille.*

Notre bourgeois, deux hommes qui viennent d'arriver à cheval, demandent à vous parler en particulier.

FIDEMAN.

Qui peuvent-il être ? je vais les recevoir.

LE PAYSAN.

C'est inutile, car ils viennent vous trouver ici ; tenez les voilà.

ALBERTINE.

Je me retire ; tâchez de les éloigner si mon époux arrivait....

FIDEMAN.

Ne craignez rien.

Elle sort par le premier plan à droite. Fideman ouvre la grille.

SCENE V.

FIDEMAN, ASTOLPHE, BRUZMANN *enveloppés dans de grands manteaux.*

ASTOLPHE *ôtant son manteau*

Fideman ?...

FIDEMAN, *à part.*

Ciel ! le gouverneur ,... (*Haut.*) Quoi, seigneur c'est vous qui daignez ?...

ASTOLPHE.

Oui, Fideman ; il est nécessaire que j'aie avec vous un moment d'entretien.

FIDEMAN, *embarrassé.*

Permettez-moi de vous conduire en un lieu plus commode.

ASTOLPHE.

Non, je veux demeurer inconnu ; ici je ne serai point exposé aux regards de vos valets ; veuillez seulement à ce que nous ne soyons point troublés.

FIDEMAN.

Seigneur, permettez-moi de vous représenter que cet endroit est humide, que vous seriez beaucoup mieux...

ASTOLPHE.

Je me trouve fort bien ici.

FIDEMAN, *à part.*

Ah ! que je voudrais le voir bien loin. (*Haut.*) Eh bien, seigneur daignez me dire ce qui m'a procuré un honneur dont je suis d'autant plus confus, que je ne m'attendais pas à le recevoir, je vous le jure.

ASTOLPHE.

Vous pouvez juger, par ma démarche, de l'importance du sujet qui m'amène. J'ai besoin d'une preuve de votre attachement à ma personne. Si vous n'hésitez point à me la donner, vous pouvez compter sur les récompenses les plus brillantes.

FIDEMAN.

L'honneur d'être utile à votre excellence est la seule récompense que j'ambitionne. (*à part.*) O grand dieu ! si le comte Ernest...

ASTOLPHE.

Promettez-moi donc de ne point me déguiser la vérité.

FIDEMAN.

Cette promesse est inutile, seigneur, jamais le mensonge n'a souillé mes lèvres.

ASTOLPHE.

Ce matin j'ai remarqué, parmi les gens qui assistaient à la fête, un aveugle...

FIDEMAN.

Un aveugle !

ASTOLPHE.

Oui, un aveugle que j'ai reconnu pour être un criminel cherchant à se dérober au glaive des lois.

FIDEMAN.

Je l'ignore.

ASTOLPHE.

Vous lui avez cependant offert un asile dans votre maison.

FIDEMAN.

Il est vrai ; je l'ai vu malheureux, et je l'ai secouru sans m'informer s'il était innocent ou coupable.

L'Aveugle du Tirol. 4

ASTOLPHE.

C'est un criminel, vous dis-je, et il est de mon devoir de le livrer
au supplice qu'il n'a que trop mérité. Qu'est-il devenu ?

FIDEMAN.

Il n'est plus chez moi.

ASTOLPHE.

Que dites-vous ?

FIDEMAN.

Je dis, seigneur, qu'il est parti, après s'être reposé quelques
instans.

ASTOLPHE.

Vous m'en imposez.

FIDEMAN.

Je vous jure, par ce qu'il y a de plus sacré, que cet aveugle n'est
point ici.

ASTOLPHE.

Fideman, si vous cherchez à me tromper, vous apprendrez qu'on
ne m'abuse point impunément.

FIDEMAN.

J'ai dit la vérité ; je ne crains rien. Et quand même cet infortuné
serait chez moi, vous me commanderiez en vain de vous le livrer ;
s'il était dans ma maison, c'est que je la lui aurais offerte, qu'il aurait eu assez bonne opinion de mon cœur pour se fier à moi, et un
lâche seul peut trahir la confiance d'un malheureux, et manquer
au devoir de l'hospitalité.

ASTOLPHE.

Fideman, tant de hardiesse....

FIDEMAN.

Ne doit point vous étonner, seigneur. La vérité a cela d'imposant,
qu'elle élève celui qui la dit au-dessus de l'homme puissant qui tremble de l'entendre.

SCENE VI.

Les Mêmes, ETIENNE, ensuite Ernest et Armand à la grille.

Fideman a sans cesse les yeux fixés sur la grille. Astolphe, après avoir lancé sur
Fideman un regard où se peint la fureur, fait signe à Bruzmann de venir lui
parler. La musique continue doucement pendant le dialogue suivant, jusqu'à
la sortie d'Ernest.

ASTOLPHE, bas à Bruzemann.

Bruzmann, nous n'avons rien à espérer de ce vieillard opiniâtre ;
il faut que cette nuit même Ernest et son épouse.,. (Il continue à
voix basse.)

ETIENNE.

Mon père, le voilà, l'av...

FIDEMAN lui fait signe de se taire, en lui montrant Astolphe.
Chut !...

ETIENNE, répétant,

Je vous dit que le v'là, cet av...

FIDEMAN, *bas à Etienne.*

Tais-toi donc, misérable, tu ne vois pas?... S'il arrive il est perdu.

ETIENNE.

Ah! c'est vrai; soyez tranquille, papa, je lui ferai signe de ne pas entrer. (*Ernest paraît à la grille avec son fils. Albertine sort de la ferme.*) Ah! il n'est plus tems!

FIDEMAN, ALBERTINE, *au fond.*

Ciel!

FIDEMAN, *à Astolphe qui lui lance des regards de méfiance.*
A haute voix.

Seigneur Astolphe!...

ERNEST, *à voix basse.*

Astolphe!... fuyons! (*Il se retire; Albertine s'échappe et le suit.*)

FIDEMAN, *continuant.*

Vous me croyez capable de vous tromper; je veux vous donner une preuve de ma bonne foi, visitez vous-même cette maison, je vous conduirai partout, alors vous serez certain...

ASTOLPHE.

Vous avez raison, j'accepte.

FIDEMAN.

Veuillez m'accompagner. O mon dieu! seconde-moi! (*Il veut le conduire dans la maison.*)

ASTOLPHE, *l'arrêtant.*

Un moment, (*montrant le pavillon.*) Quel est ce bâtiment?

FIDEMAN.

Un petit pavillon qui maintenant est inhabité.

ASTOLPHE.

Assurons-nous d'abord...

FIDEMAN.

Oh! bien volontiers.

ETIENNE.

C'est assez drôle, ça.

(Fideman monte l'escalier, ouvre la porte, et les laisse passer devant. Lorsqu'ils sont entrés, il fait signe à Albertine, qui parait à la petite grille, de profiter de ce moment, et il entre lui-même dans le pavillon.)

SCENE VII.

ETIENNE, ERNEST, ALBERTINE, ARMAND.

(Albertine conduit son mari; elle veut le faire entrer dans la maison; elle ouvre la porte. Fideman sort le premier du pavillon, en toussant pour l'avertir. Albertine, pour soustraire Ernest aux regards d'Astolphe, n'a que le tems de le placer derrière la porte, qu'elle ouvre tout-à-fait pour le cacher, et se place devant lui pour mieux l'empêcher d'être aperçu. Astolphe et Bruzmann sortent du pavillon.)

SCENE VIII.

Les Mêmes, ASTOLPHE, BRUZMANN et FIDEMAN.

FIDEMAN.

Vous n'avez rien vu, seigneur? c'est bien heureux; car vous ne m'auriez pas épargné. A d'autres, maintenant. (*Astolphe regarde par tout d'un air méfiant; il passe et se retourne pour remarquer Albertine placée contre la porte.*) C'est elle. (*Il la désigne à Bruzmann, qui lui fait signe de se contenir. Enfin ils sortent.*)

ETIENNE.

Çà m'amuse, moi, cette visite; je les suis . . . . (*Il sort.*)

SCÈNE IX.

ALBERTINE, ERNEST, ARMAND.

ALBERTINE, *après s'être assurée qu'ils sont éloignés, ramène Ernest sur le devant de la scène.*

O mon Dieu, je te remercie, il est sauvé!

ERNEST.

Astolphe n'est plus ici?

ALBERTINE.

Non, et vous n'avez plus rien à craindre.

ERNEST.

Quel effet ce nom odieux a fait sur moi!

ALBERTINE.

Etes-vous remis de votre frayeur?

ERNEST.

Entièrement.

ALBERTINE.

Vous avez en lui un ennemi cruel?

ERNEST.

Oh oui! bien cruel! vous vous en étonnez, n'est-ce pas? En effet, qui peut l'engager à me persécuter? quelle crainte doit inspirer un malheureux jeté sur cette terre de douleur pour y traîner une vie languissante, sans aucun espoir de voir finir les maux dont il est accablé; privé de la lumière, privé de mon épouse, abandonné de la nature entière, loin de devenir pour quelque mortel un sujet de haine, je ne devrais être pour tous les hommes qu'un objet de tristesse et de pitié.

Ici Bruzmann sort de la maison et va se placer derrière le tas de paille sans être apperçu.

ALBERTINE.

Il est des êtres bien méchans!

ERNEST.

Quelque mal qu'ils m'aient fait, je ne puis, je ne dois point les juger aussi sévèrement; à chaque moment un nouveau danger me menace, chaque pas que je fais peut me conduire au fond d'un précipice où le trépas le plus affreux m'attend ; chaque instant peut devenir le dernier de ma vie, si une main généreuse ne vient me prêter son secours, et guider ma marche incertaine. Dans cet état déplorable , je ne puis considérer chaque mortel que comme mon sauveur et mon appui.

ARMAND.

Madame, vous restez auprès de mon pape?

ALBERTINE.

Oui mon petit ami.

ARMAND.

En ce cas , veux-tu que j'aille jouer, papa?

ERNEST.

Va, mon fils; mais ne t'éloigne pas trop.

ARMAND.

Non , papa , (à *Albertine.*) ayez bien soin de lui.

ALBERTINE.

Soyez tranquille ; de votre côté, avertissez-nous si quelqu'un venait par ici. (*Il va se placer sur le tas de paille.*)

ERNEST.

Pardonnez ma curiosité ; mais daignez la satisfaire, il y va de mon repos. Comment vous nommez-vous?

ALBERTINE.

Alb!. . Clotilde.

ERNEST, *répétant lentement.*

Clotilde !. . ah !. . vous n'avez point d'autre nom ?

ALBERTINE, *hésitant.*

Je me nomme Clotilde.

ERNEST.

Vous vous nommez Clotilde ?. . . vous ne connaissez ici personne qui porte le nom d'Albertine.

ALBERTINE, *avec embarras.*

Albertine!. . non, personne.. . à présent.

ERNEST, *avec douleur.*

Personne! tant mieux. . . tant mieux pour votre bonheur. J'en ai connu une, moi; elle était bonne,. . comme vous, sensible comme vous, belle comme vous devez l'être, si la beauté est toujours compagne de la bienfaisance. Le son de votre voix me rappelle la sienne. Je croirais presque. . illusion flatteuse !. Albertine a fait long-temps mon bonheur: ah! combien elle a changé depuis.

ALBERTINE.

Vous eutes donc beaucoup à vous plaindre d'elle ?

ERNEST.

Elle a causé toutes mes infortunes ! Ecoutez-moi ; Albertine était mon épouse, la rendre heureuse était mon unique pensée , he bien, elle n'a reconnu mon amour qu'en me trompant de la manière la plus infâme.

ALBERTINE.

Etes-vous bien certain !

ERNEST.

Moi-même, j'ai vu pendant la nuit s'introduire dans son appartement, le misérable qui me déshonorait. A cette vue, la jalousie a égaré ma raison, j'ai donné la mort à ce vil séducteur, et mon infidèle épouse tomba frappée d'un coup mortel par l'homme qu'elle avait trahi si indignement. Je pris mon fils dans mes bras et j'abandonnai aussitôt ce lieu que j'abhorrais ; je me réfugiai en France ; mes biens me furent enlevés ; une maladie dangereuse me conduisit aux portes du tombeau ; cependant, on conserva mes jours ; mais je perdis la lumière, et depuis cet instant, j'erre de contrée en contrée, obligé de recourir à la pitié des hommes pour obtenir des alimens grossiers pour mon fils, et moi. Sans cesse en proie à la douleur, aux remords, et poursuivi par cette femme criminelle, dont l'image, toujours chérie, semble s'attacher à mes pas pour augmenter l'horreur de ma situation. Ah ! madame, vous ne sauriez concevoir combien mon état est affreux ? l'homme que l'infortune accable trouve quelque soulagement en contemplant les beautés de la nature : ce spectacle enchanteur calme ses sens, adoucit ses maux, et semble verser un baume salutaire sur ses blessures ; mais moi, en proie aux plus horribles souffances, les ténèbres m'environnent, le repos m'est ravi, les fantômes hideux bouleversent mon imagination, et je ne trouve par tout que la mort et le désespoir.

ALBERTINE.

Astolphe, que ne peux-tu le voir en cet état, ton cœur féroce serait forcé de s'ouvrir aux remords.

ERNEST.

Je sens couler vos larmes, ah ! ne cherchez point à me les cacher, il est si doux pour un infortuné de savoir qu'on plaint ses malheurs.

ALBERTINE.

Ah ! qui pourrait être insensible en apprenant tout ce que vous avez souffert ! je ne puis vous exprimer tout l'intérêt que vous m'inspirez. Oui, c'en est fait, je veux désormais ne jamais vous quitter, vous consacrer mon existence, devenir votre amie, votre compagne, adoucir vos maux, partager vos chagrins, et remplacer près de vous cette Albertine que vous avez perdue.

ERNEST.

Femme généreuse ! que ne possédait-elle vos vertus.

ALBERTINE.

Espérez qu'on a pu vous tromper, que votre épouse respire encore ; qu'un jour elle vous fera connaître son innocence, et qu'en attendant ce moment fortuné, elle veut par son amour vous faire encore chérir la vie.

ERNEST.

Que dites-vous ?

ARMAND,

Voici quelqu'un.

ALBERTINE, à *Ernest.*

Acceptez-vous mes offres ?

ERNEST.

Femme admirable ! puis-je vous refuser.

SCENE X.

Les Précédens, ETIENNE, CHARLOTTE, deux Valets de ferme, et deux Servantes, *apportant ce qui est nécessaire pour le souper. Étienne une chandelle dans une main et un petit soleil en artifice dans l'autre.*

ETIENNE.

C'est ça, c'est ça, apprêtez le souper, Charlotte, veilles-y, pendant que je vais disposer mon feu d'artifice.

ARMAND.

Un feu d'artifice ! Ah, voyons !

ALBERTINE.

Est-ce que votre père est rentré, Charlotte ?

CHARLOTTE.

Pas encore ; il a été reconduire ces deux messieurs, il est sorti par la grande porte et il rentrera par la petite grille ; mais il a dit qu'il ne serait pas long et qu'il fallait toujours apporter ici le souper.

ETIENNE.

Il me vient une drôle d'idée ; Par exemple ! . .

CHARLOTTE.

Encore quelque sottise !

ETIENNE.

Au contraire. Mademoiselle Clotilde est si douce, si bonne que nous l'aimons beaucoup. Moi surtout, j'ai pour elle des sentimens très-romanesques, en conséquence, pour me réjouir de ce qu'on ne l'a pas emmenée ce matin, je vas tirer un feu d'artifice que j'ai acheté à la fête, et pour que ça soit plus beau, je vas faire un feu de joie, avec la paille qui est là. Ça fera un joli bouquet !...

ALBERTINE.

Ce bon Etienne !

ERNEST.

Combien ces sentimens naïfs font l'éloge de vos vertus !

CHARLOTTE.

Mais, monsieur Etienne, vous n'avez qu'à mettre le feu à la maison, avec vos feux de joie et vos artifices ?

ETIENNE.

Bah ! bah ! il n'y a pas de danger ; viens m'aider, petit.

CHARLOTTE.

Finissez, monsieur, ça me fait peur,

ETIENNE.

Peur ! ah ! mon dieu, faut-il être enfant pour avoir peur.

CHARLOTTE.

Je vous dis de finir, entendez-vous ?

ETIENNE.

Sûrement que je t'entends bien ; mais je ne t'écoute pas.

(Etienne et Armand amassent la paille en tas, et apprètent le soleil, qu'ils placent au milieu, Charlotte se bouche les oreilles ; ils vont mettre le feu à la
mèche, quand Fideman parait à la grille, et les empêche de continuer.)

SCENE XI.

Les Mêmes, FIDEMAN, Deux Garçons de ferme.

FIDEMAN.

Allons, allons, monsieur Etienne, ouvrez-moi donc cette grille.

ETIENNE.

Tout de suite, mon père, tout de suite.

CHARLOTTE.

C'est bien fait, mon père va l'empêcher de faire partir son feu
d'artifice, j'en suis bien contente.

ETIEENE.

Oui, taquine, méchante, taquine.

FIDEMAN.

Veux-tu m'ouvrir ? vous vous disputerez demain.

ETIENNE, ouvrant.

Tans pis, là, pourquoi qu'elle me taquine.

FIDEMAN, se moquant de lui.

Ah ! prenez donc garde. Que diable faisais-tu donc là avec cette
chandelle !

ETIENNE, embarrassé.

Je faisais... je ne faisais rien.

CHARLOTTE.

Il voulait faire un feu de joie avec la paille.

FIDEMAN.

C'est vrai, çà ?

ETIENNE.

Ne l'écoutez donc pas, mon père, c'est une menteuse.

FIDEMAN.

Prends garde à tes oreilles, Etienne, prends garde à tes oreilles.
Pourquoi cette paille n'est-elle pas rentrée ?

ETIENNE, en colère, jetant son soleil, sa chandelle, et bouleversant
la paille.

Mais, mon dieu, mon père, c'était fête ! Ah ! que c'est ennuyeux !
un si beau soleil ? un si beau bouquet !

FIDEMAN, à Albertine.

Personne n'a paru, l'ennemi a battu en retraite et nous pouvons dormir tranquilles.

ALBERTINE.

O mon dieu ! je te remercie !

FIDEMAN.

Allons, à table.

ETIENNE, à Charlotte.

Tu me le payeras, va.

CHARLOTTE.

Je ne te crains point.

FIDEMAN.

Venez-vous, vous autres ?

CHARLOTTE.

Me v'là, mon père.

ETIENNE.

Faites donc finir mademoiselle Charlotte, qui me prend ma place;

FIDEMAN.

Je vais vous mettre d'accord, moi, attendez. Asseyez-vous, tout de suite.

(Tout le monde se met autour de la table de pierre, Fideman sert à manger. Bruzmann sort doucement de dessous la paille. Le jour baisse.)

FIDEMAN.

Nos deux marchands se rappellent de la réception qu'on leur a faite, ils n'osent pas revenir à la charge.

ETIENNE.

Et ils font bien ! car, si vous les arrangez comme ce matin !...

FIDEMAN.

Et toi, Etienne, qu'as-tu fait ? t'es-tu battu ?

ETIENNE.

On ne m'a pas laissé prendre cette peine là, on m'a battu. Ce gros grand à moustaches noires, il m'a donné des soufflets à poing fermé sur les reins.

FIDEMAN.

Tu es si poltron !

ETIENNE.

Que voulez-vous ? c'est dans ma température !

(Bruzmann, pendant ce dialogue, s'est levé doucement, il a pris la clef qu'Etienne, dans son trouble, a laissé après la grille, et il disparaît. Etienne se lève de table.)

SCENE XII.

Les Mêmes, excepté BRUZMANN.

ETIENNE, *à part.*

Ah ! mon dieu ! mon père m'a si fort troublé en arrivant, que j'ai oublié de fermer la grille ; ah ! ciel ! c'est ben heureux qu'il ne soit entré personne, allons la fermer sans qu'il s'en apperçoive.

(Il va doucement, ferme la grille et témoigne son inquiétude en ne trouvant pas la clef. Il la cherche.)

ALBERTINE, *à Ernest.*

Qu'avez-vous ? vous paraissez affligé ?

ERNEST.

Je ne sais, une tristesse mortelle s'est emparé de moi.

FIDEMAN.

Il faut la dissiper. Rassurez-vous, si l'on en veut à votre liberté, nous verserons jusqu'à la dernière goutte de notre sang pour vous défendre.

l'Aveugle du Tirol. 5

ERNEST.

Brave homme !

FIDEMAN.

Mademoiselle Clotilde vous aime, c'est une raison pour que je sois disposé à tout faire pour vous rendre service.

ETIENNE, *qui a descendu la scène en cherchant.*

V'là ben un autre malheur à présent, j'ai perdu la clef. Quel guignon.

ALBERTINE.

Peut-être avez-vous besoin de repos.

ERNEST.

Il est vrai, je me sens fatigué.

FIDEMAN.

Nous allons vous conduire à l'endroit que vous devez habiter.

ETIENNE.

Mon père est de mauvaise humeur, ne lui en disons rien ; elle se retrouvera peut-être.

ALBERTINE.

Appuyez vous sur moi.

(Albertine soutient Ernest, qu'Armand conduit par l'autre main. Fideman passe devant ; ils montent dans le pavillon.

CHARLOTTE, *à Etienne.*

Allons, monsieur, venez m'aider.

(Ils ôtent le couvert que les valets emportent. Fideman et Albertine sortent du pavillon ; ils restent seuls.

SCENE XIII.

FIDEMAN, ALBERTINE.

ALBERTINE.

Fideman, j'ai besoin d'une nouvelle preuve de votre amitié.

ETIENNE.

Parlez, madame.

ALBERTINE.

Mon père est à Insprùck ; il a du crédit à la cour, il peut défendre mon époux contre les violences d'Astolphe, et je suis résolue à tout entreprendre pour parvenir jusqu'à lui ; il faut voir ce misérable qui est resté en votre pouvoir, lui promettre de ne point le livrer à la justice, et lui offrir une très-forte somme s'il veut m'introduire dans le château d'Insprùck.

FIDEMAN.

Quoi, madame, vous voulez ?...

ALBERTINE.

Pénétrer jusqu'auprès de mon père, et obtenir le pardon de mon époux. L'agent d'Astolphe ne refusera point de me servir. Des hommes comme celui-là sont toujours du parti de celui qui les paie le mieux : l'or peut tout sur ces âmes vénales, et si la cupidité n'était point un motif assez puissant pour gagner ce malheureux, la crainte du châtiment nous répond de son obéissance.

FIDEMAN.

Madame, permettez-moi de vous représenter...

ALBERTINE.

N'essayez point de combattre ma résolution, elle est invariable. Espérons que la bonté divine ne m'abandonnera point, et qu'elle assurera mon triomphe; je retourne un moment près de mon époux, occupez-vous des moyens de mettre mon projet à exécution. Venez, Fideman, je vous cause bien des inquiétudes; mais ma reconnaissance sera éternelle, et peut-être un jour pourrai-je vous en donner des preuves.

FIDEMAN.

Ah! que je puisse vous voir heureuse, et ce sera là ma plus douce récompense. Je vais tâcher de gagner mon prisonnier.

ALBERTINE.

Quoi! sans armes? vous allez?...

FIDEMAN.

J'ai tout ce qu'il me faut.

SCÈNE XIV.

Les Mêmes, ETIENNE.

ETIENNE.

Vous n'avez plus besoin de moi, mon père?

FIDEMAN.

Au contraire, il est de la prudence de se tenir sur ses gardes, reste ici, et si tu apercevais quelqu'un, tu m'appellerais.

ETIENNE.

Comment! mon père, que je reste ici! tout seul.

FIDEMAN.

Veux-tu te taire, poltron?

(Fideman repousse rudement Etienne qui veut le suivre, il salue Albertine, elle monte dans le pavillon. Il sort par la ferme.)

SCÈNE XV.

ETIENNE.

Ah! il y a du micmac, il y a du micmac! mademoiselle Clotilde qu'est toujours comme ça en tête à tête avec papa! il y a quelque chose là dessous. En attendant, c'est toujours moi qu'est la victime de tout ça là! voyez comme c'est amusant de rester là tout seul! je n'ai pas peur, non, je n'ai pas peur; mais je m'ennuie... que faire pour m'égayer? je ne sais pas trop!

(Armand sort doucement du pavillon, Bruzmann et quatre hommes paraissent au fond du théâtre sur la montagne.)

SCÈNE XVI.

ETIENNE, ARMAND.

ARMAND.

St, st, Etienne, Etienne.

ETIENNE.

Ah! mon dieu! qu'est-ce que c'est que ça? qu'est-ce qui m'appelle?

ARMAND.

C'est moi, c'est Armand.

ETIENNE.

Ah! c'est ce petit bonhomme! qu'est-ce que tu viens faire ici?

ARMAND.

Ton papa a dit qu'il t'avait laissé seul, et comme j'ai bien envie de voir ton feu d'artifice, je suis sorti sans qu'on s'en aperçut, pour venir te trouver.

ETIENNE.

Ah! qu'il est gentil d'être venu; ça me rassure.

ARMAND.

Vas-tu le faire partir, ton feu d'artifice.

ETIENNE.

Je ne veux pas, vois-tu bien, ça ferait du bruit.

ARMAND.

Tu ne veux pas? c'est bon, adieu.

ETIENNE.

Ne t'en va donc pas; tu me tiens compagnie.

ARMAND.

Tiens, puisque tu ne veux pas?

ETIENNE.

Mais est-ce que je peux, petit simple; ne t'en va donc pas.

ARMAND.

Tu as peur?

ETIENNE.

Moi, peur? ah! ben! puisque j'ai peur! puisque... (*Bruzmann parait à la grille et l'ouvre avec précaution. Le bruit de la serrure est entendu par Etienne, qui est tremblant.*) As-tu entendu?

ARMAND.

Je crois que oui; il faut crier.

ETIENNE.

Non, je n'entends plus rien; nous nous sommes peut-être trompés. D'ailleurs, cachons-nous, nous verrons.

SCÈNE XVII.

Les Mêmes, BRUZMANN, quatre Hommes.

Etienne cherche à se cacher, il se jette dans Bruzmann, qui a introduit ses quatre compagnons. Etienne veut jeter un cri, Bruzmann lui met son sabre sur la poitrine.

BRUZMANN.

Silence, malheureux ! ou je . . .

ARMAND, *se fourant sous la table de pierre.*

Cachons-nous.

BRUZMANN.

Exécutons notre projet. Éloignez ce misérable, il pourrait nous trahir.

Les brigands emmènent Etienne par la grille, les autres s'occupent sous le berceau, à allumer une lanterne sourde qu'ils ont posée sur la table de pierre ; Armand profite de l'instant où il les voit occupés, il se glisse entre leurs jambes, et marchant sur les mains et sur les genoux, monte rapidement au pavillon, et entre sans être vu de Fideman.

BRUZMANN.

Hâtons-nous d'exécuter les ordres d'Astolphe.

FIDEMAN.

O ciel !

SCENE XVIII.

Les Précédens, excepté ARMAND.

Bruzman, à la tête des brigands, se dispose à monter au pavillon.

BRUZMANN.

L'instant est favorable, allons. (*Ils entrent dans le pavillon.*)

FIDEMAN.

Ils sont perdus ! entrons dans la caverne, ou cherchons à pénétrer dans le pavillon, pour les secourir si je le puis.

Il pousse le ressort, la pierre roule, et l'on aperçoit dans la grotte Ernest, Armand et Albertine.

SCENE XIX.

ERNEST, ALBERTINE, FIDEMAN, ARMAND.

ALBERTINE.

C'est Fideman !

FIDEMAN.

C'est vous ! ô bonheur ! Il n'y a pas un instant à perdre, hâtons-nous de retrouver mes garçons de ferme et les villageois qui m'ont promis leur secours. Venez.

ALBERTINE.

O providence ! protège-nous.

Au moment où ils vont sortir, les brigands paraissent. Fideman tire ses pistolets, les villageois accourent au bruit, les brigands prennent la fuite.

Tableau général.

Fin du second Acte.

ACTE II.

Le théâtre représente une salle du château d'Inspruck.

SCENE PREMIERE.

ALBERTINE, ERNEST, ARMAND, FIDEMAN, SOLER.

Soler entre d'abord seul ; il observe si personne ne peut le surprendre.

SOLER.

Vous pouvez entrer,

ALBERTINE, *à voix basse*,

C'est ici l'appartement du baron de Retz ?

SOLER.

Oui, c'est celui que le gouverneur lui a fait donner dans le château.

ERNEST.

Où me conduisez-vous ?

FIDEMAN.

Dans un lieu où vous serez en sûreté.

ALBERTINE.

Soler, je serai fidelle à ma promesse ; ma reconnaissance, pour le service que vous me rendez aujourd'hui, sera éternelle.

SOLER.

Que la plus grande prudence règle toutes vos actions, ou nous serions exposés aux plus terribles effets de la vengeance d'Astolphe.

ERNEST.

Le barbare ! quand cessera-t-il de me persécuter ?

SOLER.

Il serait d'autant plus sévère pour moi, s'il apprenait que je le trompasse, que dans cet instant il n'est point tranquille sur l'avenir. L'arrivée de cette multitude de troupes, que d'ici vous pouvez voir campée sous les murs du château, lui cause de vives alarmes, et tout me porte à croire que le baron de Retz n'est ici que pour...

ERNEST.

Le baron de Retz est ici, dites-vous ?

SOLER.

Oui, il est arrivé hier de Vienne, chargé d'une mission secrète de l'empereur.

ERNEST.

Ah ! je vous en conjure, faites que je ne paraisse point à ses regards.

SOLER.

Et pourquoi donc venez-vous ?

ALBERTINE, *à Soler.*

Silence !

FIDEMAN, *à Ernest.*

Soyez sans inquiétudes, vos amis ne vous quitteront pas.

SOLER.

Ah ça ; je vous laisse. Je vais roder dans le château, et s'il arrivait quelque chose qui pût vous intéresser, je viendrais vous en avertir.

ALBERTINE.

Bon Soler ! que d'obligations ! . .

SOLER.

Vous ne m'en avez aucune. Mon maître me payait pour faire le mal. vous me payez pour faire le bien, et je vous donne la préférence. Croyez-moi, on a toujours plus de plaisir à faire une bonne action, qu'à se charger la conscience d'un crime. Adieu.

Soler sort par une des portes latérales. Le bruit du tambour et de la trompette se fait entendre dans l'éloignement.

SCENE II.

Les Mêmes, *à l'exception de Soler.*

FIDEMAN.

Les troupes sont en mouvement, il y aura quelque chose.

ALBERTINE, *baissant la voix.*

Près de mon père, du moins, mon époux sera en sûreté.

ERNEST.

Bonne Clotilde, êtes-vous là ?

ALBERTINE.

Me voici.

ERNEST.

Ah ! ne me quittez pas, je vous en prie ; je ne suis bien que lorsque je vous sais près de moi.

ALBERTINE, *à part.*

Il aime Clotilde ; il déteste Albertine.

ARMAND.

Oh ! n'aie pas peur, mon papa ; elle n'a pas envie de te quitter : va, elle t'aime trop pour cela. Elle pleure toujours quand tu lui parles. Si maman lui avait ressemblé, je suis bien sûr qu'elle ne t'aurait pas fait tant de peine : aussi je l'aime, cette pauvre Clotilde, je l'aime comme si elle était maman.

ALBERTINE.

Cruel enfant ?

FIDEMAN.

Qu'il est gentil !

ALBERTINE, *à Ernest.*

Vous versez des larmes ?

ERNEST.

En vain je voudrais les retenir ; toutes les fois que le nom de mon épouse sort de sa bouche enfantine, des pleurs amers. . . . Ah ! je veux en tarir la source.

ALBERTINE.

Quoi! vous reprocheriez-vous votre sensibilité ?... Seriez-vous honteux de paraître regretter celle que vous adoriez, et qui peut-être est digne encore de votre amour.

ERNEST.

Et voilà ce qui fait mon supplice ! Quelquefois j'ose la croire innocente : j'ose croire, qu'abusé par quelqu'ennemi de mon repos, j'ai pu la juger avec trop de précipitation. Je me la représente douée de toutes les vertus qui me la firent adorer si long-tems ; elle est devant moi, et loin de m'adresser aucune reproche sur ma conduite atroce, elle me supplie de lui rendre mon cœur.

ALBERTIN

Elle vous en supplie !

ERNEST.

Je me livre aux charmes de cette douce illusion ; je vais serrer dans mes bras mon épouse, mon Albertine... Tout à coup un affreux souvenir se présente à ma pensée, et je rejette avec horreur une espérance que je crains de se réaliser.

ALBERTINE.

Pourquoi la rejeter ? pourquoi ne pas y croire ? de tels pressentimens sont des avis émanés de la Divinité ; ils prouvent qu'un jour l'innocence d'Albertine brillera de tout son éclat.

ERNEST.

Ah ! que ma mort devance ce jour terrible ! Albertine, tu ne serais point coupable, et j'aurais pu porter sur toi une main meurtrière ; j'aurais pu te plonger un poignard dans le sein ! Loin de moi cette idée horrible ! Si Albertine est innocente, son misérable époux n'est donc qu'un vil assassin, digne du mépris de la nature entière. Ah ! de grace, ne me forcez point de croire à cette affreuse vérité, vous me feriez mourir de honte à vos yeux.

FIDEMAN.

Clotilde, quelqu'un peut pénétrer jusqu'ici ; il serait imprudent d'exposer monsieur le Comte aux regards de ses ennemis.

ALBERTINE.

Vous avez raison. (*à Ernest.*) Veuillez vous retirer dans ce cabinet, vous y serez plus en sûreté.

ERNEST.

Vous m'abandonnez ?

ALBERTINE.

Non, je vous quitte un instant pour songer aux moyens d'assurer votre bonheur.

ERNEST.

Rappelez-vous que vous me restez seule au monde.

ALBERTINE.

Seule ! et votre enfant ? Qui mieux qu'un bon fils peut nous faire oublier nos maux ?

(Albertine embrasse Armand et le rend à son père. Fideman ouvre la porte du cabinet, et Ernest, guidé par Armand, y entre, en paraissant regretter de quitter Albertine.)

SCENE III.

ALBERTINE, FIDEMAN.

FIDEMAN, *s'essuyant les yeux.*

En vérité, madame, pour peu que cela continue, je ne serai plus bon à rien.

ALBERTINE.

Comment, Fideman?

FIDEMAN.

Sans doute, comment voulez-vous que je conserve ce sang froid si nécessaire à un général, si à chaque instant vous me faites pleurer comme un enfant. Pleurer! moi, l'ex-caporal Fideman.

ALBERTINE.

Et ce titre exclut-il la sensibilité?

FIDEMAN.

Un soldat est sensible, mais il ne pleure pas comme une femme. Ah çà, réfléchissons, quel est votre plan de campagne?

ALBERTINE.

Je veux voir mon père, me faire connaître à lui, lui demander son amitié et sa protection pour mon époux.

FIDEMAN.

Ce sera bien difficile; car M. le Baron en veut terriblement au comte Ernest.

ALBERTINE.

Sa colère cessera bientôt, lorsqu'il le verra dans l'état malheureux où le sort l'a réduit, lorsqu'il retrouvera sa fille, qu'il croit à jamais perdue pour lui; lorsqu'enfin il saura que, sans son appui, nous devenons victimes du barbare Astolphe, et que notre bonheur dépend de sa volonté. Je lui ferai remettre cette lettre qui, j'en suis certaine, le disposera favorablement. O mon dieu! sois mon guide, et que par toi mon époux et mon fils trouvent un nouveau protecteur.

SCENE IV.

Les Mêmes, ETIENNE.

FIDEMAN.

C'est Etienne!

ETIENNE.

Tiens, tiens, v'là mon père, et puis mademoiselle Clotilde. Par quel hasard?...

ALBERTINE.

Silence.

FIDEMAN.

Ne crie donc pas si fort.

L'Aveugle du Tirol.

6

ETIENNE.

Ah ! y'là comme vous êtes tous deux. Vous avez toujours un air de mystère Silence ! parle donc plus bas... ne crie donc pas si fort... Il n'y a pas de danger. Figurez-vous que personne n'habite cette partie du château ; v'là pus de deux heures que je cours du haut en bas, du bas en haut, sans avoir rencontré âme qui vive.

FIDEMAN.

Mais, comment te trouves-tu ici ?

ETIENNE.

Ah ! c'est une fière aventure, allez. Ces vilains coquins qui m'ont emmené, ils m'avaient conduit ici, et ils voulaient me garder. Ah ! dame, je me suis fâché. « De quel droit, leur ai-je dit comme ça, de quel droit voulez-vous m'emprisonner, barbares que vous êtes?.. Au fait, qu'est-ce que vous ferez de moi? vous cherchiez un aveugle, hé bien, un aveugle, ça ne me regarde pas, j'ai de bons yeux, et vous devez me renvoyer chez papa. »

FIDEMAN.

Ils t'ont renvoyé ?

ETIENNE.

Au contraire, ils ne m'ont pas renvoyé du tout. Mais comme ils ne faisaient pas grande attention à moi, je me suis prié de m'en aller, et comme je craignais qu'ils ne me rattrappassent, j'ai couru comme un chamois jusqu'à ce que j'aie été loin de l'endroit où ils étaient.

ALBERTINE.

Ce pauvre Etienne !

ETIENNE.

Oui, ce pauvre Etienne ! plaignez-moi. Tout ce qui m'arrive, c'est par votre faute ; qu'aviez-vous besoin de vous intéresser à ce nouveau-venu ; mais, bah ! votre générosité. . . Vous n'aviez des yeux que pour l'aveugle. Écoutez-moi, papa, à cause de l'aveugle on m'a battu hier matin ; on m'a arrêté hier soir, peut-être qu'on me fera pis aujourd'hui, et je n'ai pas l'habitude de me faire tuer : vous êtes ici en masse, il y aura du grabuge, je ne m'en mêle pas, et si vous brouillez les cartes, je vous serai obligé de me mettre à l'écart.

FIDEMAN.

Quelqu'un s'avance de ce côté.

ETIENNE.

Ah ciel ! c'est moi qu'on cherche. Où me fourrer ?

FIDEMAN, ouvrant le cabinet.

Tiens, là dedans.

ETIENNE.

Ah ! là, là, le v'là l'aveugle.

FIDEMAN, le poussant.

Va donc.

ALBERTINE.

C'est Soler.

Fideman ferme la porte du cabinet. Soler entre vivement.

SCENE V.

ALBERTINE, FIDEMAN, SOLER.

SOLER.

Le baron suit mes pas.

ALBERTINE.

Mon père.

FIDEMAN.

Prévenez votre époux, je vais rester ici, et je vous avertirai quand il en sera tems.

SOLER.

Eh vite ! le voici.

ALBERTINE.

O mon Dieu ! protège-nous.

Albertine rentre dans le cabinet.

SCENE VI.

LE BARON, FIDEMAN, SOLER.

Soler salue le baron, et sort. Le baron entre et descend en scène sans apperce-voir Fideman.

LE BARON.

Astolphe semble éviter ma présence : soupçonnerait-il le motif de mon voyage ? tout me porte à le croire. Sans doute il réfléchit sur la conduite qu'il doit tenir envers moi. Quelle que soit la résolution qu'il prenne ; il n'echappera point au châtiment qu'il n'a que trop mérité. Infâme Astolphe ! tu périras ; et pour accroître ton supplice, c'est l'homme dont tu as détruit le repos qui te prononcera ton arrêt. O ma fille ! mon Albertine ! victime innocente de la plus féroce jalousie, sans les odieuses accusations d'Astolphe ; je n'aurais point ta perte à déplorer.

FIDEMAN, *à part.*

Il regrette sa fille, l'instant est favorable !

LE BARON.

Toutes les fois que le souvenir de ma fille revient m'agiter, toutes mes blessures se rouvrent, mes douleurs se renouvellent et des larmes mouillent ma paupière.

FIDEMAN, *à part.*

Je ne sais comment lui parler ?

LE BARON.

Malheureuse Albertine ! ce n'était point assez que tu fusses ravie à ma tendresse ; il fallait encore te voir tomber sous le fer d'un assassin ; te voir mourir déshonorée.

FIDEMAN, *avec respect et crainte.*

Monsieur le baron. . .

LE BARON.

Que me voulez-vous ?

FIDEMAN, *de même.*

Monsieur le baron, la sensibilité. . .

LE BARON.

Qui êtes-vous ?

FIDEMAN.

Monsieur le baron, est-il possible que vous méconnaissiez le vieux Fideman, votre ancien fermier ? . .

LE BARON.

C'est vous, bon Fideman, pardonnez si vos traits ne m'ont point frappé d'abord ; j'étais occupé, des réflexions affligeantes me tourmentaient. Que desirez-vous de moi ?

FIDEMAN.

Le plus grand des bienfaits !

LE BARON.

Parlez.

FIDEMAN.

J'ose recommander un malheureux à votre bienfaisance, il en est digne à tous égards. Privé de ses biens, de son rang, victime du plus infâme complot, de la plus odieuse calomnie ; il a perdu sa femme, il a perdu la vue, et depuis long-temps, son fils et lui n'existent que par les dons qu'il reçoivent des personnes compâtissantes.

LE BARON.

Vous m'intéressez à lui, croyez que mes secours...,

FIDEMAN.

Monseigneur, ce n'est pas de l'argent que je vous demande pour lui ; je suis pauvre, mais quand je trouve l'occasion de faire un peu de bien, je n'en cède le droit à personne.

LE BARON.

Vous m'étonnez ! que puis-je donc faire pour lui ?

B **FIDEMAN.**

eaucoup ! il a grand besoin de votre amitié... (*Le Baron fait un mouvement.*) de votre protection. Le seigneur Astolphe est l'auteur de tous ses maux, sa haine le poursuit jusqu'en ces lieux, et vous seul pouvez le soustraire au sort qu'il lui prépare.

LE BARON.

Encore une victime d'Astolphe ! mais quel intérêt a pu le porter à détruire le repos de ce malheureux ?

FIDEMAN.

C'est ce que j'ignore. Je n'ai jamais eu la curiosité de l'interroger sur ce sujet. On oublie rarement les maux qu'on a soufferts, et quelque bien cicatrisée que soit une blessure, il faut souvent bien peu de chose pour la r'ouvrir. Cependant, si votre excellence le désire, je ne doute pas qu'il ne vous instruise des causes de son infortune.

LE BARON.

Je veux le voir, Fideman, je veux devenir son appui, son défenseur. Mais où est-il ?

FIDEMAN.

Ici, et si votre excellence le permet, je vais le lui présenter.

LE BARON.

Vous m'obligerez.

Albertine qui a entendu cette scène est rentrée. Fideman entre une instant dans le cabinet et en sort aussitôt en conduisant Ernest, le baron va devant de lui, et l'amène près d'un siège, qu'il lui présente en le considérant avec la plus grande attention. Albertine témoigne sa satisfaction de voir Ernest dans les bras de son père; Armand a une lettre à la main. Fideman fait signe à Albertine de se contenir.

SCENE VII.

Les Mêmes, ERNEST, ARMAND.

LE BARON, *à part.*

Les traits de cet homme ne me sont point inconnus. (*Haut.*) As-seyez-vous.

ERNEST, *à part.*

O ciel ! où suis-je ?

LE BARON.

Vous paraissez effrayé? rassurez-vous, vous n'avez rien à craindre.

ERNEST. *avec la plus grande émotion et cherchant à cacher ses traits.*

Cette voix !... quelle idée !

LE BARON.

Qui peut causer le trouble où je vous vois ? Rassurez-vous, vous dis-je. Cet honnête villageois m'a fait le récit de vos infortunes, cro-yez que j'ai le pouvoir et le désir de les faire cesser.

ERNEST, *toujours ému.*

Serait-ce ! en effet ; mais non, non, c'est impossible !....

LE BARON.

Astolphe vainement voudrait tenter de vous poursuivre. Sa haine serait impuissante, puisque le baron de Retz devient votre protecteur.

ERNEST.

Le baron de Retz ! je ne m'étais donc point trompé !... Armand, Armand, guide mes pas, fuyons, fuyons sa présence.

LE BARON.

Que dites-vous ?... votre agitation, la frayeur que mon nom seul vous cause, tout en vous cache un mystère que je veux éclaircir. Ré-pondez.

ERNEST.

Ne m'interrogez pas ; je suis un monstre, et si vous me connais-siez...

LE BARON.

Je veux vous connaître.

ERNEST.

Hé bien, soyez satisfait. Le Dieu tout puissant, dont le bras ven-geur s'est déja appésanti sur ma tête coupable, a sans doute marqué cet instant pour celui de la vengeance ; que ses décrets soyent accom-plis. Vous eûtes une fille douée de toutes les vertus !

LE BARON.

Il est vrai.

ERNEST.

Un misérable que vous aviez jugé digne de sa main, osa sus-
pecter son innocence, et devint son meurtrier...

LE BARON.

Grand dieu! quel soupçon!

ERNEST.

Hé bien, cet assassin de votre fille, il est devant vous, c'e st
moi.

LE BARON, *portant la main sur son épée.*

Malheureux!

ARMAND.

Mon papa?

FIDEMAN.

Arrêtez, monsieur le Baron.

ERNEST, *à genoux.*

Frappez, vengez Albertine, délivrez la terre d'un barbare que
la société doit repousser de son sein; délivrez-moi d'une vie qui
m'est odieuse et que je quitterai sans regrets; mais, je vous en
conjure, (*saisissant Armand.*) épargnez cet enfant, devenez son
protecteur, et si ses traits vous rappellent qu'il doit le jour au
coupable Ernest, n'oubliez pas qu'il est aussi le fils de votre Albertine.

ARMAND.

Oh! mon bon monsieur, je vous en prie, ne faites pas de chagrin à mon papa. (*Fideman lui fait signe; Armand présente le
papier au baron.*) Tenez.

LE BARON.

Quel est ce papier?

ARMAND.

Je n'en sais rien; mais mademoiselle Clotilde m'a dit de vous
le donner quand je vous verrais bien en colère contre papa; elle
m'a assuré que vous cesseriez de lui en vouloir, quand vous auriez
lu ce que contient ce billet.

LE BARON.

Qu'est-ce que cette Clotilde?

FIDEMAN.

C'est notre fille de ferme, votre excellence.

LE BARON.

Que peut-elle me vouloir?... Voyons. (*il prend le billet et paraît
craindre de l'ouvrir.*) Je ne sais pourquoi je tremble de rompre ce
cachet. (*il balance un moment; enfin il ouvre et témoigne sa surprise*)
O ciel! l'écriture de ma fille.

ERNEST.

Est-il possible?

FIDEMAN, *à part.*

V'là l'instant de la crise, gare.

LE BARON, *lisant.*

« Pardonnez, ô mon père! si j'ai pu vous plonger dans la dou-
» leur en vous laissant croire que j'avais succombé. J'attendais,

» pour me présenter à vous, le jour où les crimes d'Astolphe se-
» raient enfin connus, où mon innocence pourrait triompher de
» la calomnie. L'instant qui doit me rendre à votre tendresse est
» enfin arrivé; je renais au monde, et c'est à vos pieds que votre
» fille vient implorer la grace de son malheureux époux.

(*Pendant la lecture de cette lettre, Albertine s'est approchée du baron.*)

ERNEST.

L'ai-je bien entendu?

LE BARON.

O grands dieux ! tu me rendrais ma fille. Mais où est-elle?

ALBERTINE.

Aux genoux de son père.

LE BARON.

Ma fille, je te retrouve!

ERNEST.

Albertine... O terre! entr'ouvre-toi!

LE BARON.

Mon Albertine (*il l'embrasse.*)

ARMAND.

Ah ! papa! c'est maman ! que je suis content !

LE BARON.

Cruel enfant!... mais je te presse sur mon cœur, puis-je songer
encore aux pleurs que tu m'as fait répandre?

ALBERTINE.

O mon père! vous me pardonnez! et mon époux.

LE BARON.

Ton époux!... je suis trop heureux pour conserver de fâcheux
souvenirs; Ernest, mes enfans, venez dans mes bras.

ERNEST et ALBERTINE.

O seigneur ! ô mon père !

ERNEST.

Quoi! Albertine! vous daignez oublier?...

ALBERTINE, *lui fermant la bouche.*

Oublions tout. D'autres soins, maintenant, doivent nous occu-
per.

FIDEMAN.

C'est bien dit. Le méchant Astolphe peut encore nuire à monsieur le Comte; il faut d'abord lui en ôter les moyens.

LE BARON.

Ce sera facile. L'Empereur a enfin ouvert les yeux sur la conduite de cet indigne gouverneur; d'après les ordres de Sa Majesté,
Astolphe doit être arrêté et conduit à Vienne pour s'y justifier des
crimes dont on l'accuse. Je cours le trouver, et d'un seul mot je
vais le mettre dans l'impossibilité de vous nuire. Attendez-moi un
moment.

ALBERTINE.

Quoi! mon père! vous iriez seul? . .

FIDEMAN.

Monsieur le baron, permettez-moi de vous représenter que ce

serait commettre une imprudence. Un scélérat est capable de tout. Astolphe est entouré d'une bande de coquins toujours disposés à exécuter les ordres de leur infâme chef, et votre vie ne serait pas en sûreté au milieu d'eux.

ALBERTINE.

O mon père ! n'exposez point ainsi vos jours.

LE BARON.

Croyez-vous qu'il oserait ?

FIDEMAN.

Un homme comme Astolphe n'est retenu par aucun sentiment. Je vous en conjure, monsieur le baron ; fiez-vous au conseil que je vous donne ; il est dicté par l'intérêt que je prends à votre conservation. Au lieu de fournir au gouverneur l'occasion de commettre un nouveau crime, ne vous présentez devant lui que bien accompagné. Nous avons dans notre parti un des agens d'Astolphe ; il peut introduire dans la place autant de soldats que vous le jugerez nécessaire. Faites avancer une partie de vos troupes, et je réponds du succès. Il n'y a rien comme un millier de bayonnettes pour décider le gain d'une affaire.

LE BARON.

Hé bien, brave Fideman, je m'en rapporte à vous ; prenez cet anneau, il vous fera connaître de mes officiers ; portez mes ordres au camp, et faites introduire une partie de mes soldats dans le château.

FIDEMAN.

Monsieur le baron, vous serez obéi. Ah, ah, nous allons voir beau jeu. Ventrebleu ! c'est à présent que je suis général. Mais où donc est mon fils ? Etienne, Etienne.

ARMAND.

Il s'est endormi dans le cabinet.

FIDEMAN.

Il dort, le lâche ! un jour comme celui-ci, il dort ! Etienne, Etienne, Etienne.

SCENE VIII.

Les Précédens, ETIENNE *à moitié endormi.*

ETIENNE.

Qu'est-ce que c'est ? qu'est-ce que c'est ?

FIDEMAN.

Allons, viens avec moi ; il faut se battre.

ETIENNE.

Ah, mon dieu ! et c'est pour cela que vous m'éveillez ?

FIDEMAN.

Sûrement, c'est pour cela ; je suis général, et je te nomme mon aide-de-camp.

ETIENNE.

Ah ! papa, vous me donnez le frisson.

FIDEMAN,

Viens avec moi.

ETIENNE.

Mais, mon père. . .

FIDEMAN, *le poussant.*

Veux-tu bien venir avec moi. Monsieur le baron, monsieur le comte, fiez-vous à moi; je n'ai pas oublié mon ancien métier, et bientôt vos ennemis, par mon courage... Hum... hum.., soyez tranquilles, je réponds de tout.

Il sort précipitamment avec Etienne, qui le suit à regret.

SCENE XI.

LE BARON, ERNEST, ALBERTINE, ARMAND.

ARMAND.

Ah! dieu, comme il court.

ALBERTINE.

Ce bon Fideman!

LE BARON.

Dis-moi, ma fille, n'a-t-il pas parlé d'un certain agent d'Astolphe, que vous avez entraîné dans votre parti?

ALBERTINE.

Oui, mon père.

LE BARON.

Peut-on se fier à cet homme?

ALBERTINE.

Je crois pouvoir l'assurer.

LE BARON.

En ce cas il faut le voir; il faut qu'il nous donne les moyens de mettre ton époux en sûreté. Les complices d'Astolphe peuvent pénétrer dans cette salle, l'y apercevoir, et le livrer à leur infame chef, avant que nous n'ayons les forces suffisantes pour leur résister. Il faut trouver une retraite où le comte Ernest soit à l'abri de tout péril.

ERNEST.

Ah, monsieur le baron, combien votre générosité me pénètre et m'attendrit!

ALBERTINE.

Vous avez raison, mon père. Soler, notre protecteur, ne peut être loin d'ici; je vais vous conduire près de lui, et nous saurons l'engager..,

LE BARON.

Mais ton époux ne peut rester seul?

ALBERTINE.

Fermons toutes les portes de cette salle.

ERNEST.

Albertine, n'expose point tes jours.

L'Aveugle du Tirol   7

ALBERTINE.

Ah, puis-je maintenant ne pas chérir la vie ?

ARMAND.

Tu reviendras bientôt ?

ALBERTINE.

Oui, mon ami.

Albertine sort avec le baron. On entend fermer deux portes dans l'éloignement.

SCENE X.

ERNEST, ARMAND.

ERNEST.

O Albertine ! modèle des épouses ! combien tes vertus me rendent criminel !

ARMAND.

Comment ? tu as encore du chagrin ? ah bien, moi, je n'en ai plus du tout, du tout.

ERNEST.

Je te crois, tu retrouves la meilleure des mères.

ARMAND.

Oh ! c'est bien vrai. Mais toi, papa, n'as-tu aucun sujet d'être content ! est-ce que tu en voudrais encore à maman !

ERNEST.

Non, mon ami.

ARMAND.

Ce serait bien vilain ; car si tu savais comme elle t'aime, comme elle a soin de toi. Pendant la route de la ferme ici, ah ! si tu avais pu la voir m'aider à te conduire, t'éloigner de tout ce qui pouvait te faire du mal, me gronder parce que je te faisais marcher trop vite. Tiens, papa, je t'aime beaucoup, hé bien j'étais chagrin de voir qu'elle t'aimait encore plus que moi.

ERNEST.

Chère Albertine ! ah ! la femme douée de tant de vertus, est le plus beau présent qu'une divinité bienfaisante ait pu faire à l'humanité. (*On entend ouvrir une porte.*) Qu'entends-je ?. . serait-ce déjà ta mère ?

ARMAND.

Attends, je vais tâcher de le savoir. (*Il va regarder à travers la fente de la porte.*)

ERNEST.

Il est impossible qu'elle soit déjà de retour.

ARMAND, *baissant la voix.*

J'entends parler deux hommes dont je ne connais pas la voix.

ERNEST.

Dérobons-nous à leurs regards ; conduis-moi.

Il veut rentrer dans le cabinet. La porte s'ouvre, Astolphe et Bruzmann paraissent.

SCENE XI.

Les Mêmes, ASTOLPHE, BRUZMANN.

ASTOLPHE.

Que vois-je ?

BRUZMANN.

C'est le comte Ernest !

ASTOLPHE.

Heureux hasard !

ERNEST.

Armand, qui est là ?

ARMAND.

Deux messieurs.

ASTOLPHE, *à Bruzmann.*

Il faut profiter de cette occasion, le baron n'est point ici.

BRUZMANN.

Non, seigneur, Hermann l'a vu sortir.

ARMAND, *d'un ton craintif.*

Allons nous en, papa.

ASTOLPHE.

Il faut l'éloigner de ces lieux, et lorsque le baron sera de retour dans cet appartement, faire sauter cette partie du château.

ARMAND.

Allons nous en, mon cher papa, j'ai peur.

ERNEST.

Rassure-toi, mon Armand, si l'on en veut à nos jours le baron
saura nous défendre.

ASTOLPHE, *à part.*

Le baron ! heureuse idée. (*A Ernest en déguisant sa voix.*)
Vous êtes le comte Ernest ?

ERNEST *tressaille au son de cette voix; il reste un moment à chercher s'il ne l'a point déjà entendue.*

ASTOLPHE, *à Ernest.*

Répondez sans crainte, je veux vous servir.

ERNEST, *lentement et paraissant plongé dans l'état le plus incertain.*
Vous ! . .

ASTOLPHE.

Moi-même ! le baron de Retz...

ERNEST, *vivement.*

Le baron...

ASTOLPHE.

Je possède toute sa confiance, il m'a chargé de vous conduire
dans un lieu où vous n'aurez plus rien à redouter.

ERNEST, *toujours plus incertain.*

O mon dieu ! fais-moi connaître la vérité.

ASTOLPHE.

Se méfierait-il de ?... (lui prenant la main.) Un instant de re-
tard pourrait vous devenir funeste. Venez, suivez-moi.

ERNEST, lui tenant la main.

Vous voulez me secourir ?... pourquoi donc votre main tremble-
t-elle dans la mienne ?

ASTOLPHE.

L'intérêt que je prends à vous...

ERNEST.

Le criminel frémit au moment de consommer un forfait ; mais
l'homme qui ne fait que le bien, ne tremble jamais.

ASTOLPHE.

Le péril que vous courez est si grand ?

ERNEST.

Que vais-je faire ?

ARMAND, bas à son père.

Papa, c'est un menteur.

ERNEST.

Comment ?

ARMAND.

L'homme qui est avec lui, est un de ces vilains coquins qui
ont voulu l'arrêter !

ERNEST, avec fureur.

Vils agens du plus criminel des hommes, ne croyez pas me
livrer à mon persécuteur. vainement vous croyez abuser de ma
malheureuse situation, le ciel saura me défendre contre vos attentats.

ASTOLPHE.

Silence, misérable, Bruzmann, qu'on le saisisse.

ERNEST, se débattant.

A moi, au secours, au secours.

ARMAND.

Au secours, on tue mon papa.

ASTOLPHE.

Malheureux ! tu vas périr !

(Il veut se jeter sur Ernest le poignard à la main. Armand se jette à ses genoux
et se traîne après lui en les tenant embrassés. Tout-à-coup le baron, Soler
et Albertine entrent et l'arrêtent.)

SCÈNE XII.

Les Mêmes, LE BARON, ALBERTINE, SOLER.

LE BARON.

Arrêtez, Astolphe.

ALBERTINE.

Mon époux !

ERNEST.

Ah ! sauvez-moi ; ce sont des assassins.

ASTOLPHE.

Grand dieu ?

LE BARON.

Astolphe, la mesure de vos crimes est comblée, votre souverain a appris à vous connaître, et votre arrêt est prononcé. Voici l'ordre de Sa Majesté qui me nomme gouverneur du Tirol et qui vous constitue mon prisonnier.

ASTOLPHE.

Fier du succès de vos calomnies, vous croyez votre triomphe assuré ; mais vous ignorez ce que peut la haine d'Astolphe, tremblez trop faibles ennemis, la foudre gronde sur vos têtes et bientôt vous allez en être écrasés.

(Astolphe et Bruzmann, l'épée à la main, gagnent la porte et disparaissent. On entend le son de la trompette.)

SCÈNE XIII.

ERNEST, ALBERTINE, ARMAND, LE BARON, SOLER.

LE BARON, *regardant à la croisée.*

Les troupes sont en mouvement, le château est investi, bientôt Astolphe recevra la récompense due à ses forfaits. Soler, conduisez le comte.

ERNEST.

Vous m'éloignez de vous ?

ALBERTINE.

Bientôt nous ne serons plus séparés. Soler va guider tes pas dans une salle de l'étage supérieur, où tu ne courras aucun danger.

ERNEST.

Quoi ! tandis que tu seras exposée ?

ALBERTINE.

Ne crains rien.

ERNEST.

Dieu tout puissant ! veille sur Albertine !

(Soler emmène Ernest et Armand. On entend un son de trompette.)

SCÈNE XIV.

LE BARON, ALBERTINE.

LE BARON, *à la croisée.*

Fideman introduit mes troupes dans le château, bientôt elles seront près de nous, nous n'avons rien à redouter.

(On entend une forte explosion. La salle s'ébranle violemment. Albertine embrasse les genoux de son père. Une seconde secousse se fait ressentir plus violemment encore ; le fond s'écroule et laisse apercevoir l'escalier qui conduit à l'étage supérieur. Au fond on aperçoit les remparts d'Inspruck, et les rochers du Tirol couverts de soldats des deux partis.)

LE BARON.

O ciel !

ALBERTINE.

Grand dieu ! si mon époux !... il doit exister une autre issue, volons à son secours.

(Ils sortent précipitamment. Les troupes sont toujours en mouvement sur les remparts et sur les rochers environnans. On voit Ernest paraître sur l'escalier, arrivé au milieu il s'arrête et écoute.)

SCENE XV.

ERNEST, ARMAND.

ARMAND, *sur l'escalier.*

Viens, papa, je vais te conduire.

ERNEST.

Que signifient ce bruit épouvable, cette commotion violente qui s'est fait ressentir dans toutes les parties de mon corps, j'ai cru distinguer les cris d'Albertine.

ARMAND.

Oh ! comme tout cela est effrayant ! viens vîte.

(Armand avance toujours ; l'escalier se romp sous lui ; il tombe et s'écrie :)

Arrête, mon papa !

(Ernest étourdi, lève la jambe, et veut avancer encore un pas. Sa femme paraît et l'arrête.)

ALBERTINE.

Malheureux ! tu vas périr.

(Fideman s'élance au mileu des flammes, et en ressort emportant Armand dans ses bras. Les troupes allemandes repoussent les partisans d'Astolphe. Ernest est dans les bras d'Albertine et de son fils. Le baron et Fideman jouissent de leur bonheur. Tableau.)

LE BARON.

Astolphe arrêté, va recevoir à Vienne le prix de ses forfaits. Ses aveux vont rétablir la réputation d'Albertine. Mes enfans réunis vont goûter le bonheur. Dieu de bonté ! je te remercie.

Tableau général.

FIN.

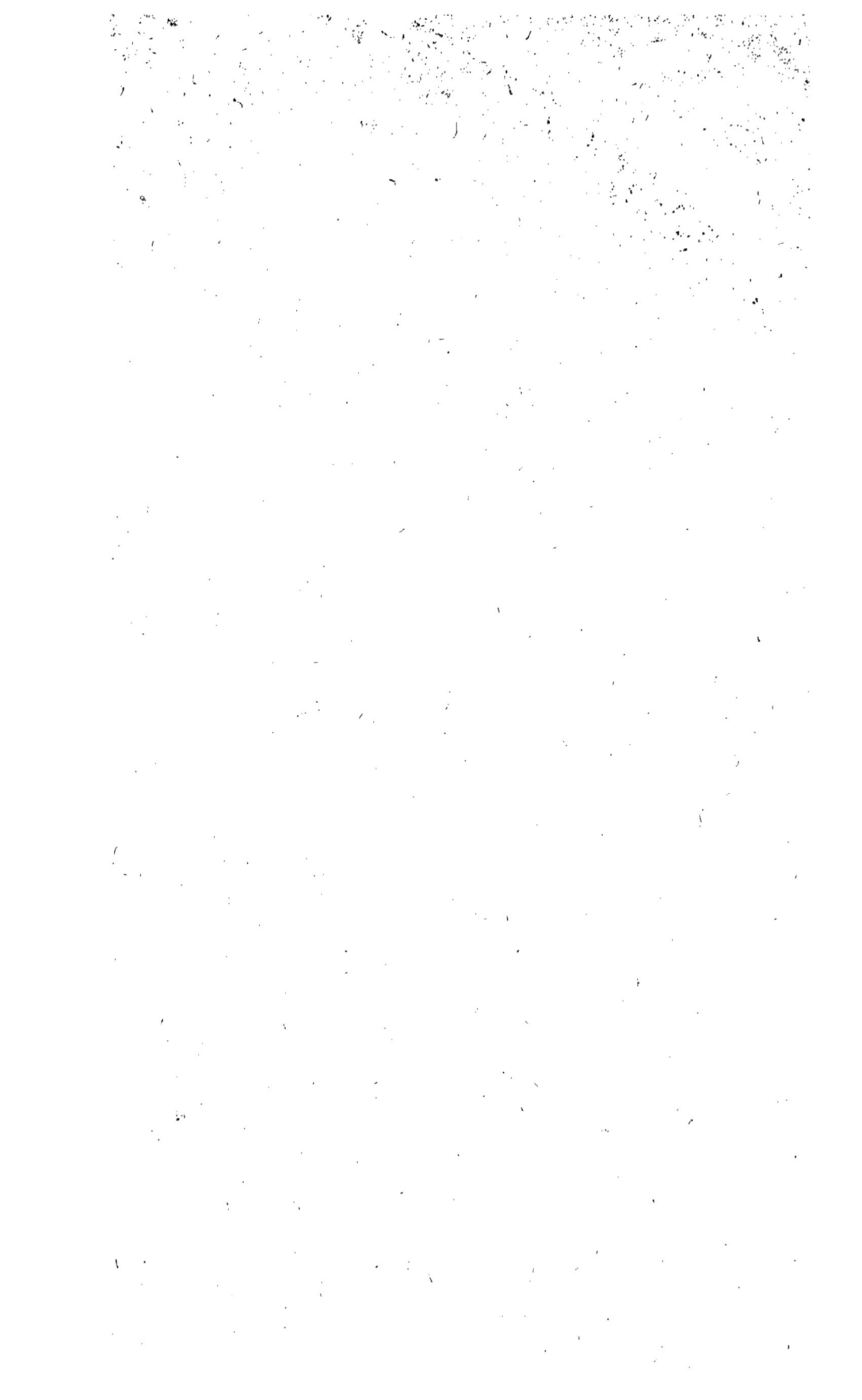

www.ingramcontent.com/pod-product-compliance
Lightning Source LLC
LaVergne TN
LVHW022148080426
835511LV00008B/1332